AF272123

Windows 11 – 24H2

Herbst-Update 2024

Alles zum großen Funktions-Update

Wolfram Gieseke

Windows 11 – 24H2 Herbst-Update 2024

Alles zum großen Funktions-Update

Alle neuen Funktionen

Copilot & Recall

Neues bei Oberfläche & Explorer

Versteckte Änderungen & Details

Dieses Werk einschließlich aller Inhalte ist urheberrechtlich geschützt. Alle Rechte vorbehalten, auch die der Übersetzung, der fotomechanischen Wiedergabe und der Speicherung in elektronischen Medien.

Bei der Erstellung von Texten und Abbildungen wurde mit größter Sorgfalt vorgegangen. Trotzdem sind Fehler nicht völlig auszuschließen. Verlag, Herausgeber und Autoren können für fehlerhafte Angaben und deren Folgen weder eine juristische Verantwortung noch irgendeine Haftung übernehmen. Für Anregungen und Hinweise auf Fehler sind Verlag und Autor aber dankbar.

Die Informationen in diesem Werk werden ohne Rücksicht auf einen eventuellen Patentschutz veröffentlicht. Warennamen werden ohne Gewährleistung der freien Verwendbarkeit benutzt. Nahezu alle Hard- und Softwarebezeichnungen sowie weitere Namen und sonstige Angaben, die in diesem Buch wiedergegeben werden, sind als eingetragene Marken geschützt. Da es nicht möglich ist, in allen Fällen zeitnah zu ermitteln, ob ein Markenschutz besteht, wird das ®-Symbol in diesem Buch nicht verwendet.

Die Deutsche Nationalbibliothek verzeichnet diese Publikation in der Deutschen Nationalbibliografie; detaillierte bibliografische Daten unter http://dnb.dnb.de

© 2024 Wolfram Gieseke

Verlag: BoD · Books on Demand GmbH, In de Tarpen 42, 22848 Norderstedt
Druck: Libri Plureos GmbH, Friedensallee 273, 22763 Hamburg

ISBN: 978-3-7693-1239-3

Vorwort

Wie jedes Jahr beglückt Microsoft seine Kunden im Herbst mit einem großen Funktions-Update, dieses Mal Version 24H2. Wie immer gibt es jede Menge Neues zu entdecken. Ein wichtiger Schwerpunkt ist weiterhin KI und der Copilot, der mittlerweile auch in Europa als separate App verfügbar ist.

Darüber hinaus gibt es eine Vielzahl an kleineren und größeren Änderungen bei Desktop, Startmenü, Windows Explorer und Einstellungen. Wer Windows mit dem Smartphone verknüpft, findet beispielsweise spannende neue Funktionen vor. Auch Änderungen unter der Haube stelle ich vor.

Windows Recall bleibt den Anwendern zumindest vorerst vorenthalten oder erspart – je nach Sichtweise. Aber auch darauf gehe ich ein und zeige, wie Sie Vorkehrungen gegen diese Funktion treffen können, wenn Ihre Datenschutzbedenken überwiegen.

www.gieseke-buch.de ist mein Blog mit Infos und Ergänzungen zu meinen Büchern, wohin Sie auch Ihre Anregungen und Fragen richten können. Nun aber viel Vergnügen und spannenden Erkenntnisse beim Entdecken der Neuheiten bei Windows 11 24H2.

Wolfram Gieseke

Inhaltsverzeichnis

Das Funktions-Update durchführen

Beim Funktions-Update 24H2 handelt es sich – zumindest auf absehbare Zeit – um ein optionales Update. Es wird also nicht automatisch eingespielt, sondern in den Windows-Einstellungen unter Windows Update lediglich zur Installation angeboten. Klicken Sie hier auf *Herunterladen und installieren*, wenn Sie das Funktions-Update einspielen möchten.

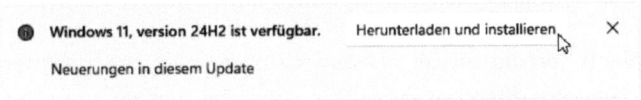

Stimmen Sie dann mit einem Klick auf *Akzeptieren und installieren* den Lizenzbedingungen für das Update zu. Anschließend wird das Funktions-Update im Hintergrund heruntergeladen und installiert. Sie können den PC währenddessen ganz normal weiter nutzen.

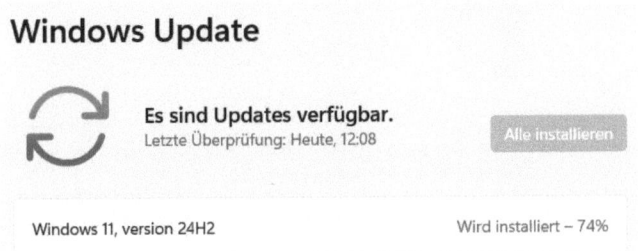

Wenn die Installation abgeschlossen ist, wird Windows sich automatisch melden und einen

Neustart verlangen, der für das Einspielen des Funktions-Updates unumgänglich ist. Dieser Vorgang wird einige Minuten in Anspruch nehmen. Währenddessen wird der PC ggf. mehrere Male automatisch neu starten.

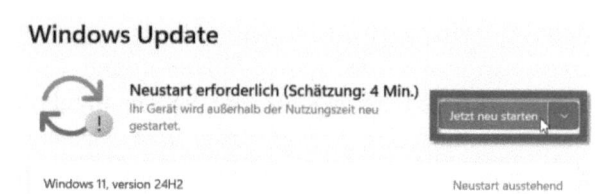

Nach erfolgreicher Installation erfolgt ein letzter Windows-Startvorgang, der etwas länger als gewohnt benötigt. Hierbei werden die abschließenden Änderungen vorgenommen. Danach präsentiert sich Windows in der Version des Funktions-Updates 24H2. Sie können diese mit dem Befehl *winver* im Suchfeld der Taskleiste leicht überprüfen.

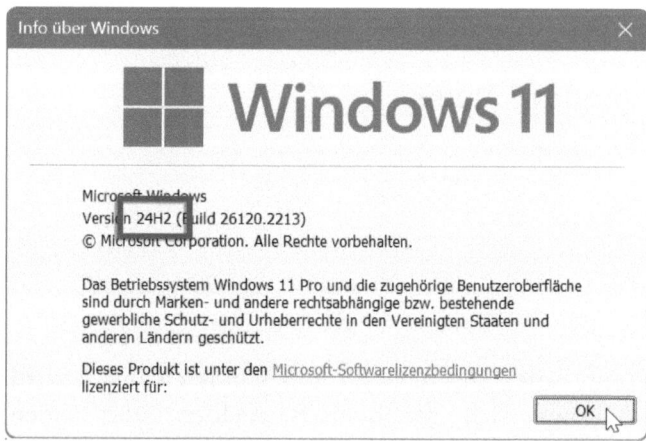

24H2 wird nicht angeboten?

Wenn Ihr PC nicht von sich aus anbietet, das Funktions-Update einzuspielen, sollten Sie zunächst unter *Weitere Optionen* die Einstellung *Erhalten Sie neueste Updates, sobald sie verfügbar sind* einschalten.

Falls Ihr PC Ihnen auch dann kein 24H2-Update anbietet, ist das erstmal kein Grund zur Beunruhigung. Microsoft liefert solche Updates in Wellen aus, wodurch es nach und nach allen Anwendern zugänglich sein sollte. Außerdem werden Updates immer mal wieder für PCs mit bestimmten Hardware- oder Softwarekonfigurationen vorläufig blockiert. Dann liegt ein Problem für diese speziellen PCs vor, weshalb das Update (noch) nicht eingespielt werden sollte. In solchen Fällen ist es das Beste, etwas Geduld zu haben.

Alternativ können Sie das Update jederzeit unter *www.microsoft.com/software-download/windows11* manuell anstoßen bzw. ein passendes Installationsmedium erstellen. Sollte Ihr PC nicht die offiziellen Hardware-Voraussetzungen für Windows 11 erfüllen, beachten Sie den nachfolgenden Abschnitt.

Upgrade scheitert an veralteten Treibern

Wenn Ihnen das Funktions-Update nicht angeboten wird, und Sie es deshalb wie vorangehend beschrieben selbst durchführen müssen, zeigt Ihnen der Setup-Assistent eventuell, *Worum Sie sich kümmern sollten*. Dadurch erfahren Sie ggf. auch, warum Ihnen das Update nicht angeboten wurde.

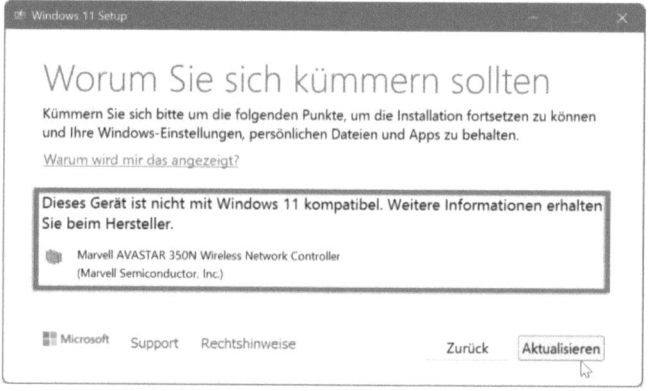

Eine häufige Ursache sind Hardware-Treiber, welche die Anforderungen der neuesten Windows-Version nicht mehr erfüllen. Das führt dann zu Problemen, wenn auch Windows-Update keine neueren Treiber für die Hardware beschaffen kann. Dann bleiben folgende Möglichkeiten:

▶ Informieren Sie sich beim Hersteller der Hardware, ob der eine neuere Treiberversion liefern kann oder vielleicht bereits entwickelt, welche zum neuesten Windows kompatibel ist.

▶ Deaktivieren Sie die Hardware im Geräte-Manager, bevor Sie die Upgrade-Installation durchführen. Dies geht leider nur bei peripheren Komponenten, die zum Betrieb des PCs nicht unerlässlich sind. Einen Versuch ist es allemal wert. Nach erfolgreichem Upgrade würde ich versuchen, die Komponenten wieder aktivieren.

▶ Manche Komponenten lassen sich vorübergehend oder ggf. dauerhaft durch Alternativen ersetzen. Wenn beispielsweise der fest verbaute WLAN-Adapter Probleme macht, kann man ihn durch ein aktuelles externes Modell am USB-Anschluss ersetzen.

Windows 11 nur mit Tricks installiert?

Wenn Sie Windows 11 nur mit Registry-Tricks auf Ihrem PC installieren konnten, etwa weil der Prozessor offiziell nicht unterstützt wird oder weil nicht die passende TPM-Version aktiv ist, wird es beim Upgrade auf 24H2 zu Problemen kommen. Nicht nur hat Microsoft die Hardware-Anforderung mit diesem Funktions-Update nochmals nachgeschärft. Vor allem haben die Entwickler leider begonnen, bislang funktionierende Registry-Tricks zum Umgehen dieser Voraussetzungen zu entfernen.

Weitere Prozessoren auf der roten Liste

Mit dem Update 24H2 schließt Microsoft weitere Prozessoren von neuen Windows-Versionen aus. Entscheidend ist dabei die Voraussetzung, dass Prozessoren die Funktionen SSE4.2 und POPCNT unterstützen müssen. Dies lässt sich auch mit Registry- und sonstigen Tricks nicht umgehen, da die neue Windows-Version ohne diese Funktionen nicht mehr startet. Intel hat diese Funktionen seit 2008 in alle Prozessoren integriert, AMD seit 2011. Betroffen sind also nur vergleichsweise alte CPUs wie Intels Core 2 Quad und Core 2 Duo oder AMDs Phenom II-Serie. Bei ARM-Prozessoren ist mindestens ARM 8.1 erforderlich.

Wann sollte man zu dieser Methode greifen?

Das 24H2-Update für Windows 11 wird über den üblichen Update-Mechanismus verteilt. Es ist also nicht zwingend erforderlich, ein InPlace-Upgrade durchzuführen, um es anzuwenden. Sie können auch einfach abwarten, bis Ihnen das Update automatisch angeboten wird. Die neuen Funktionen werden teilweise auch ganz nebenbei als „Momente"-Updates eingespielt und kommen so ganz ohne viele Umstände auf Ihren PC. Mir ist nicht bekannt, dass Microsoft PCs, welche die Hardwareanforderungen für Windows 11 eigentlich nicht erfüllen, davon ausnehmen würde. Vielleicht geben Sie also einfach mal `winver` im Eingabefeld der Startleiste ein und schauen, ob Ihr Windows nicht vielleicht schon auf aktualisiert wurde.

Falls nicht und wenn Ihnen keine weiteren Updates angeboten werden falls Sie auch nicht länger darauf warten möchten, können Sie Ihr Windows per InPlace-Upgrade „zwingen" auf die neueste Windows-Version zu aktualisieren. Wichtig: Wenn die Hardware Ihres PCs für Windows 11 geeignet ist, geht das ganz unkompliziert ohne irgendwelche Eingriffe. In dem Fall ist dieser Abschnitt für Sie nicht relevant. Nur wenn Ihr PC die offiziellen Anforderungen nicht erfüllt und Sie Windows 11 schon nur mit Registry-Tricks überhaupt installieren konnten, sollten Sie die hier beschriebene Methode anwenden, um weiterhin InPlace-Upgrades vornehmen zu können.

Und auch hier nochmal der Hinweis: Das Installieren bzw. Upgraden von Windows 11 auf offiziell „ungeeigneter" Hardware erfolgt auf eigenen Gefahr. Da Windows 11 niemals für solche PCs vorgesehen war, kann es theoretisch jederzeit passieren, dass Microsoft Änderungen an Windows vornimmt, den weiteren Einsatz auf solcher Hardware unmöglich macht oder beispielsweise keine Sicherheits-Updates mehr dafür anbietet.

InPlace-Upgrade per Server-Setup

Nach diesen Vorbemerkungen nun also ans Eingemachte. Die folgende Methode macht sich zunutze, dass das Windows-Setup neben der herkömmlichen Version auch eine Variante für Windows Server enthält. Diese unterscheidet sich dadurch, dass sie – zumindest bislang – auf das Überprüfen der meisten Hardware-Anforderungen für Windows 11 verzichtet. Demzufolge installiert sie Windows 11 ohne zu murren auch auf PCs, die offiziell nicht dafür geeignet sind. Und falls Sie sich wundern: Dabei wird selbstverständlich nicht die Server-Version installiert. Nur der Setup-Assistent läuft als Server-Variante. Was er installiert, ist selbstverständlich das ganz reguläre Windows 11 bzw. Windows 11 Pro. Und so gehts:

1. Laden Sie sich eine ISO-Datei mit der aktuellen 24H2-Version herunter und speichern Sie diese auf dem zu aktualisierenden PC.

2. Klicken Sie mit der rechten Maustaste auf die ISO-Datei und wählen Sie im Kontext-menü den Befehl *Bereitstellen*.

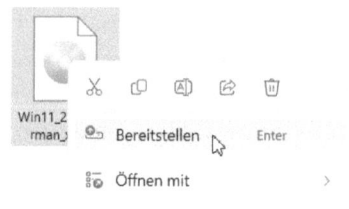

3. Windows legt daraufhin ein virtuelles DVD-Laufwerk mit dem Inhalt der ISO-Datei im Datei-Explorer an. Merken Sie sich den Buchstaben, den dieses Laufwerk zugewiesen bekommt.

4. Öffnen Sie nun eine Eingabeaufforderung und wechseln Sie darin zu dem angelegten Laufwerk,

beispielsweise mit `E:` (verwenden Sie hierfür den zuvor gemerkten Buchstaben).

5. Mit dem Befehl `dir` können Sie überprüfen, ob Sie im richtigen Laufwerk sind. Er zeigt eine Liste der enthaltenen Dateien an. Darunter sollte sich eine Datei setup.exe finden.

6. Geben Sie nun den Befehl ein, um das Setup zu starten: `setup.exe /product server`

7. Damit starten Sie den Setup-Assistenten im Server-Modus. Der weitere Ablauf ist wie bei einer herkömmlichen Upgrade-Installation. Nur dass eben keine Überprüfung erfolgt, ob die Hardware-Anforderungen tatsächlich erfüllt sind. Achten Sie nur darauf, die Option zum Beibehalten aller Dateien, Apps und Einstellungen zu wählen.

<u>Falls der Wechsel zum Image-Laufwerk nicht klappt</u>
Sollten Sie Probleme haben, in der
Eingabeaufforderung das richtige Laufwerk zu
finden, gibt es eine Alternative: Öffnen Sie das
Laufwerk im Datei Explorer. Wechseln Sie dann in
das Adressfeld des Explorers, löschen Sie den
kompletten Pfad und tippen Sie stattdessen den
Befehl `cmd.exe` ein. Damit öffnen Sie eine
Eingabeaufforderung direkt auf diesem Laufwerk.
Darin können Sie nun direkt den Befehl `setup.exe`
`/product server` eingeben.

Neues an der Oberfläche

Wie immer bei Funktions-Updates haben die Entwickler auch an Desktop, Startmenü und Fensteroberfläche geschraubt. Diesmal ist zwar nichts Grundlegendes oder Revolutionäres dabei. Aber es kommen doch einige Neuerungen zusammen, die ich Ihnen in diesem Kapitel vorstellen möchte.

Anwendungen per Maus in die Startleiste

Häufig genutzte Programme kann man am besten an die Startleiste anheften, wo man sie dann jederzeit mit einem Mausklick öffnen kann. Windows bietet verschiedene Möglichkeiten, das Symbol einer Anwendung dauerhaft in diese Leiste zu bekommen. Mit 24H2 kommt eine weitere hinzu, die weder besonders schnell noch komfortabel ist, aber doch zumindest recht intuitiv: Sie können Symbole nun mit der Maus aus dem Startmenü direkt auf die Startleiste ziehen.

1. Öffnen Sie dazu das Startmenü und lokalisieren Sie darin den Eintrag der gewünschten Anwendung.

2. Klicken Sie mit der linken Maustaste darauf und halten Sie die Taste weiterhin gedrückt.

3. Bewegen Sie nun den Mauszeiger mitsamt dem „erfassten" Symbol nach unten auf die Startleiste.

4. Sie können es dabei direkt zu der gewünschten Position bewegen. Die dort bereits vorhandenen Symbole werden ggf. automatisch verschoben, um Platz zu machen.

5. Hat das Symbol die Zielposition erreicht, lassen Sie die Maustaste los.

Das Verschieben per Maus abbrechen

Falls Ihnen auf halbem Weg einfällt, dass Sie das Symbol doch nicht in der Startleiste haben möchte oder dass Sie womöglich ein falsches Symbol erfasst haben: Sie können den Vorgang jederzeit abbrechen, indem Sie **[ESC]** drücken und dann die Maustaste loslassen. Das gilt übrigens nicht nur in diesem speziellen Fall, sondern wann immer Sie Elemente per Maus kopieren oder verschieben. Einmal kurz [ESC] drücken, um das Vorhaben abzubrechen und alles beim Alten zu belassen.

Schneller Abmelden und Benutzer wechseln

Mit einer kleinen Änderung macht 24H2 es einfacher und schneller, sich von Windows abzumelden oder direkt zu einem anderen Benutzerkonto zu wechseln:

1. Klicken Sie auf das Windows-Symbol in der Startleiste, um das Startmenü zu öffnen.

2. Klicken Sie darin unten links auf Ihr Benutzersymbol.

3. Im so geöffneten Dialog finden Sie nun oben rechts eine *Abmelden*-Schaltfläche.

4. Das • • •-Symbol rechts daneben öffnet ein Menü mit weiteren Benutzerkonten des PCs, zu denen Sie so mit einem Mausklick wechseln können.

Es ist nur eine Kleinigkeit, die aber letztlich jedes Mal einen Mausklick spart. Wer die Möglichkeit regelmäßig nutzt, wird sich also sicher darüber freuen.

Datum und Glocke im Infobereich steuern

Ganz rechts in der Taskleiste zeigt Windows traditionell Uhrzeit und Datum an. Mit 24H2 kommen neue Einstellmöglichkeiten hinzu, mit denen Sie detaillierter steuern können, was wie dargestellt werden soll.

1. Um die Anzeige von Zeit und Datum zu steuern, klicken Sie mit der rechten Maustaste auf diese Schaltfläche.

2. Wählen Sie im so geöffneten Kontextmenü *Datum und Uhrzeit anpassen*. So gelangen Sie direkt in den relevanten Bereich der Windows-Einstellungen.

3. Hier können Sie mit der Einstellung *Uhrzeit und Datum in der Taskleiste anzeigen* diese Funktion grundlegend ein- oder ausschalten.

4. Mit dem Pfeil-Symbol ganz rechts können Sie diesen Abschnitt aber auch ausklappen.

5. So gelangen Sie zu der neuen Option *Abgekürzte Uhrzeit und Datum anzeigen*. Ist diese eingeschaltet, wird bei der Datumsangabe das Jahr entfernt. Außerdem werden führende Nullen weggelassen was ggf. weitere Breite einspart, so dass dieser Bereich weniger Platz im Infobereich in Anspruch nimmt.

6. Weiterhin besteht auch die Möglichkeit, die Anzeige der Uhrzeit um Sekunden zu ergänzen, wenn dies gewünscht ist. Microsoft weist allerdings darauf hin, dass dies den Stromverbrauch erhöht.

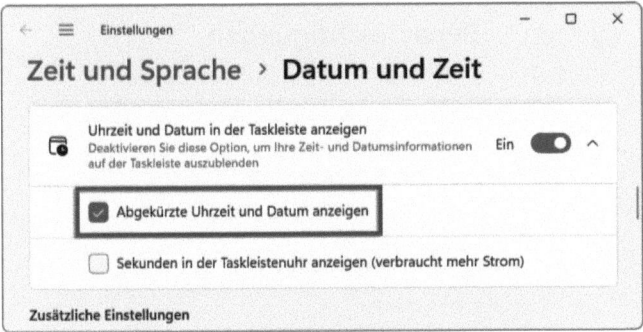

Keine Glocke für Benachrichtigungen?

Standardmäßig wird ganz rechts in der Taskleiste ein Glockensymbol angezeigt, wenn neue Windows-Benachrichtigungen für Sie vorliegen. Mit 24H2 können Sie erstmals darauf verzichten:

1. Klicken Sie auch hierzu mit der rechten Maustaste auf diese Anzeige von Datum und Uhrzeit (auch wenn gerade keine Benachrichtigung signalisiert wird).

2. Wählen Sie im so geöffneten Kontextmenü *Benachrichtigungseinstellungen*. So gelangen Sie direkt zu der zuständigen Windows-Einstellung.

3. Hier finden Sie im oberen Abschnitt ganz unten nun die Option Glockensymbol für Benachrichtigung anzeigen, mit dem Sie diese Anzeigen nach Belieben ein- oder ausschalten.

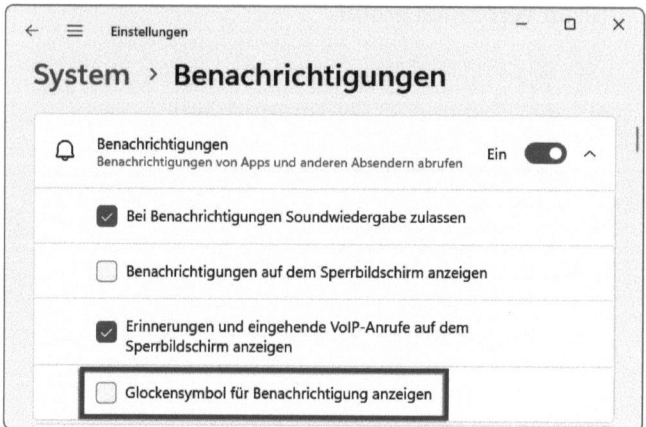

Dokumente direkt aus dem Startmenü teilen

Das Teilen von Dokumenten mit anderen Personen oder Geräten kann sehr praktisch sein. Allerdings musste man dafür bislang die entsprechende Datei im Windows Explorer lokalisieren oder in einer passenden Anwendung öffnen. Die neue Windows-Version erlaubt es, Dateien mit dem Suchfeld des Startmenüs zu finden und direkt von dort aus den Teilen-Dialog aufzurufen.

1. Öffnen Sie das Startmenü beispielsweise mit **[Win]**.

2. Tippen Sie oben im Suchfeld den Dateinamen des gewünschten Dokuments ein, bis dieses in der Trefferliste angezeigt wird. In der Regel brauchen Sie dazu nach dem Öffnen des Startmenüs einfach nur „drauflostippen".

3. Klicken Sie den Eintrag in der Trefferliste mit der rechten Maustaste an und wählen Sie im Kontextmenü nun den Befehl *Teilen*.

4. Dieser öffnet wie gewohnt den Teilen-Dialog, der Ihnen die verschiedenen Möglichkeiten der Frei- und Weitergabe auf Ihrem PC bereitstellt.

Energiesparmodus statt Stromsparmodus

Schon länger bietet Windows einen Stromsparmodus, den man bei mobilen Geräten manuell oder automatisch gesteuert aktivieren kann. Er beschränkt Hintergrundaktivitäten auf das Nötigste und reduziert auf Wunsch auch die Bildschirmhelligkeit, um die Laufzeit des Akkus zu verlängern. Mit 24H2 wird dieser durch den Energiesparmodus abgelöst. Zunächst klingt das nach einer reinen Umbenennung, da auch die Einstellungen kaum anders aussehen. Die Verbesserungen finden sich auch eher unter der Haube, da die Entwickler weitere Möglichkeiten zum Stromsparen einbezogen haben. Aber auch auf der Oberfläche gibt es Änderungen.

Energiesparen auf allen PCs
Zu den wichtigsten Änderungen gehört, dass der Energiesparmodus auf allen Geräten verfügbar ist, also nicht nur bei Notebooks und Tablets, sondern auch bei ganz klassischen PCs. Hier ergibt eine automatische Aktivierung abhängig vom Akkustand keinen Sinn. Aber Sie können den Modus jederzeit manuell nutzen, wenn Sie möglichst stromsparend arbeiten möchten.

Den Energiesparmodus steuern

Sie könnend den Energiesparmodus jederzeit manuell aktivieren, etwa wenn Sie unterwegs sind und wissen, dass Ihr Gerät noch möglichst lange durchhalten muss, bis Sie es wieder aufladen können. Klicken bzw. tippen Sie dazu unten rechts im Infobereich auf die Schaltfläche mit den Symbolen für Netzwerk und Lautstärke. Im so geöffneten Dialog finden Sie ein Symbol für den Energiesparmodus, den Sie so jederzeit ein- und ausschalten können.

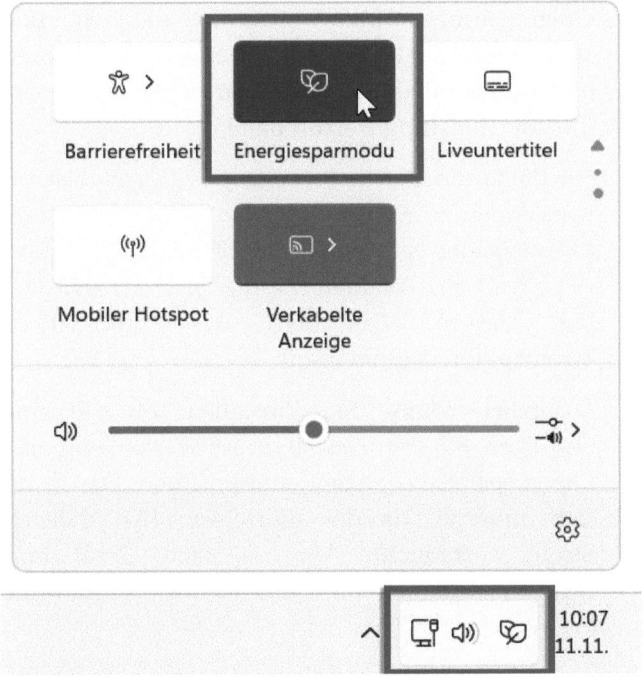

Alternativ können Sie den Energiesparmodus auf mobilen Geräten automatisch aktivieren lassen, wenn der Akkustand unter eine bestimmte Grenze sinkt. Standardmäßig sind dies 30 %, aber das können Sie nach Bedarf anpassen.

1. Öffnen Sie in den Windows-Einstellungen den Bereich *System/Strom und Akku*.

2. Klappen Sie dort den Eintrag *Energiesparmodus* aus.

3. Dort finden Sie die Option *Immer Energiesparmodus verwenden*. Dies ermöglicht

einen „umgekehrten" Ansatz, nämlich den sparsamen Zustand zum Standard zu machen und nur bei Bedarf manuell zu deaktivieren, um die volle Leistung freizuschalten.

4. Für die automatische Steuerung nach Akku-Stand verwenden Sie darunter die Option *Energiesparmodus automatisch aktivieren bei einem Akkustand von*. Wählen Sie hier den Prozentsatz, bei dessen Erreichen das automatisch Stromsparen beginnen soll.

5. Zusätzlich könne Sie Einstellen, ob Sie eine *Geringere Bildschirmhelligkeit bei Verwendung des Energiesparmodus* akzeptieren möchten. Das ist an sich sinnvoll, da der Bildschirm den meisten Strom verbraucht. Aber je nach Gerät und Lichtverhältnissen kann das auch die Ergonomie beeinträchtigen.

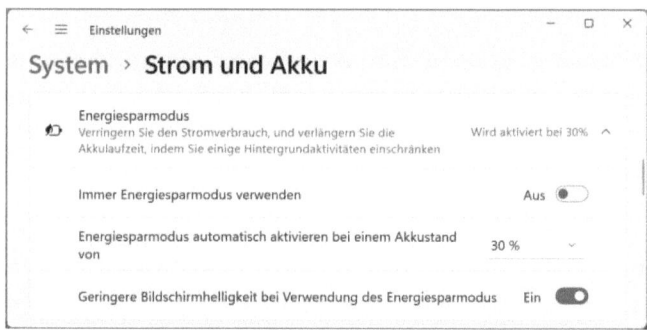

Energiesparmodus bei klassischen PCs steuern

Bei klassischen PCs lässt sich der Energiesparmodus mangels Akku nicht abhängig von dessen Ladestand steuern. Aber Sie können auch hier diesen Modus zum Standard machen, um Ihren PC möglichst stromsparend zu betreiben. Die Option Immer Energiesparmodus verwenden finden Sie unter *System/Leistung/Energiesparmodus*.

Das macht der Energiesparmodus

Der Energiesparmodus nimmt eine Reihe von Maßnahmen vor, die sich rein auf den Betrieb von Windows beziehen. Hardware-bezogene Maßnahmen wie etwas das Heruntertakten des Prozessors o. ä. werden dabei nicht berücksichtigt. Dies kann weiterhin in den Detaileinstellungen der Energiesparpläne gesteuert werden. Stattdessen umfasst dieser Modus beispielsweise folgende Maßnahmen:

- Die Apps Microsoft Store, Mail, Kontakte und Kalender synchronisieren nicht.

- Im Hintergrund ausgeführte Apps werden prinzipiell blockiert. Benutzer können jedoch bestimmten Apps im Akkusparmodus die Ausführung erlauben; VoIP-Apps sind automatisch ausgenommen.

- Die Such nach Windows-Updates findet weiterhin statt, aber nicht-kritische Updates werden blockiert.

- Die Bildschirmhelligkeit wird um 30 % reduziert, sofern der Benutzer dies nicht deaktiviert hat (siehe oben).

▶ Die meisten Telemetriedaten sind blockiert, nur kritische Daten sowie Zählungsdaten werden hochgeladen.

▶ Geplante Windows-Aufgaben werden nur gestartet, wenn sie nicht auf Leerlauf oder automatische Wartung eingestellt sind und der Benutzer angemeldet ist. Andere Aufgaben werden bis nach dem Ende des Energiesparmodus verschoben.

WLAN-Liste aktualisieren

Aus der Abteilung klein, aber fein: In der Übersicht der in der Umgebung verfügbaren Wifi-Netzwerke finden Sie nun ein kleines Symbol zum Aktualisieren. Bislang musste man hier einfach abwarten, bis Windows die Liste periodisch von selbst auffrischte. Nun kann man diese jederzeit selbst auslösen.

Microsoft Copilot als KI-Assistent

Schon länger möchte Microsoft seine unter dem Namen Copilot entwickelte KI-Technologie in Windows integrieren. In Europa machte allerdings die EU mit ihren Datenschutzbestimmungen bislang einen Strich durch die Rechnung. Hier hat man nun offenbar rechtskonforme Lösungen gefunden, so dass der Microsoft Copilot ab 24H2 nun auch offiziell Einzug bei Windows halten darf.

Microsoft Copilot installieren

Bei einem neu installierten Windows 11 ist er ab Werk bereits dabei. Wer ein vorhandenes Windows auf die neueste Version aktualisiert, muss allerdings ggf. manuell nachhelfen. In diesem Fall kann der Copilot als App aus dem Microsoft Store nachinstalliert werden.

1. Öffnen Sie den *Microsoft Store*.

Microsoft Store

2. Tippen Sie oben im Suchfeld *Copilot* ein. In der Auswahlliste wird Ihnen dann direkt die App *Microsoft Copilot* angeboten. Alternativ senden Sie die Suche ab und lokalisieren Sie in der Trefferliste dann den passenden Treffer.

3. Die so gefundene App können Sie anschließend direkt *Herunterladen*.

4. Nach Abschluss erhalten Sie einen Hinweis zur erfolgreichen Installation. Diesen können Sie anklicken, um den Copilot direkt zu starten. Alternativ finden Sie ihn als App im Startmenü.

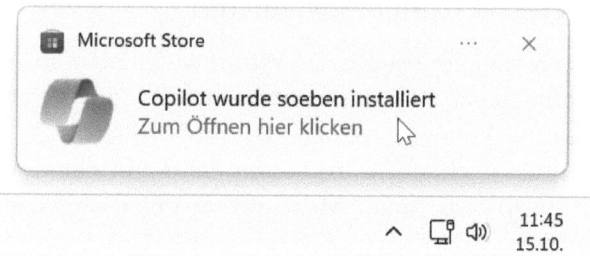

5. Beim ersten Start können Sie festlegen, wie und wann der Copilot gestartet werden soll. Hierzu können Sie ihn an die Taskleiste und/oder das Startmenü anheften, einen Desktopverknüpfung erstellen oder den Copilot beim Start des PCs jeweils automatisch aktivieren. Wählen Sie die gewünschte Option nach Ihren Vorlieben. Alles das lässt sich später auch nach Bedarf noch anpassen. Klicken Sie dann auf *Zulassen*.

Erster Start und Einrichtung

Nach Abschluss der Installation sehen Sie das Fenster des Microsoft Copilot. Mit *Erste Schritte* können Sie eine kurze Einführung und Einrichtung starten.

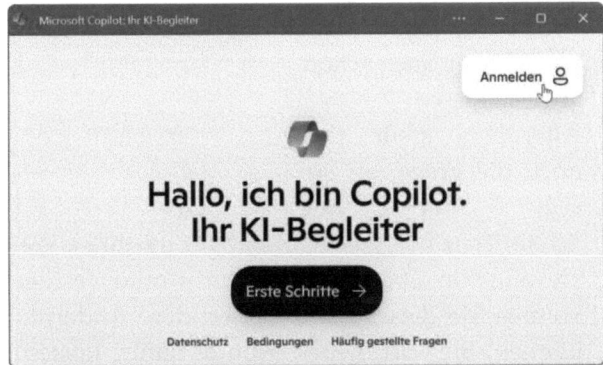

1. Geben Sie im ersten Schritt Ihren Vornamen an, mit dem der Assistent Sie ansprechen soll. Drücken Sie dann **[Eingabe]** oder klicken Sie rechts im Feld auf das Übermitteln-Symbol.

2. Im zweiten Schritt geben Sie dem Assistenten eine Stimme. Wählen Sie die Stimmlage aus, die Ihnen angenehm ist und klicken Sie dann auf *Weiter*. Dies ist nur von Bedeutung, wenn Sie mit dem Copiloten per gesprochener Sprache kommunizieren möchten. Andernfalls können Sie diesen Schritt *Überspringen*.

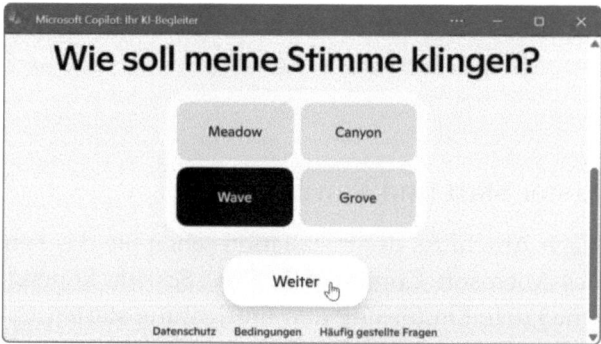

3. Damit ist die Einrichtung auch schon abgeschlossen. Allerdings stellt sich noch die Frage, ob Sie sich mit der

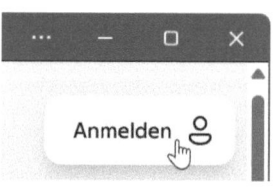

Schaltfläche oben rechts *Anmelden* möchten. Wenn Sie ohnehin über ein Microsoft-Konto verfügen, können Sie dieses dafür verwenden. Andernfalls können Sie ein neues Konto dafür kostenlos

registrieren. Dieser Schritt ist nicht unbedingt erforderlich, bringt aber Vorteile mit sich (siehe Hinweiskasten).

Copilot – Anmeldung ja oder nein?

Grundsätzlich lässt sich der Copilot auch ohne Anmeldung nutzen. Allerdings bringt eine Anmeldung – die kostenlos und mit einen ggf. ohnehin vorhandenen Microsoft-Konto durchgeführt werden kann – einige Vorteile mit sich. So „merkt" sich der Copilot mit Anmeldung Ihre früheren Konversationen und kann darauf zurückgreifen. Auch das Nutzen per gesprochener Sprache ist nur nach Anmeldung möglich. Außerdem kann der Copilot das verknüpfte Konto nutzen, um beispielsweise auch Ihre Bing-Suchanfragen in seine Antworten einzubeziehen. Grundsätzlich kann man sagen: Mit Anmeldung hat man mehr Möglichkeiten, gibt aber auch mehr Daten preis.

4. Wenn Sie sich für eine Anmeldung entscheiden, klicken Sie rechts oben auf *Anmelden* und dann nochmals auf die *Anmelden*-Schaltfläche.

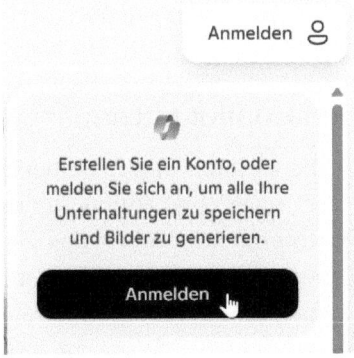

5. Im anschließenden Dialog können Sie die Daten eines vorhandenen Microsoft-Kontos eingeben oder bei Bedarf ein neues Konto erstellen.

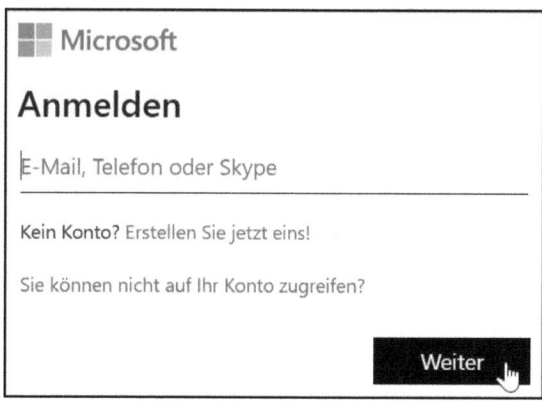

Nach erfolgreicher Anmeldung sehen Sie das Profilbild Ihres Microsoft-Kontos oben rechts im Copilot-Fenster. Wenn Sie den Copilot mit diesem Konto schon anderweitig beispielsweise per Webbrowser genutzt haben, finden Sie außerdem Ihre bisherigen Chats wieder.

Den Copilot nutzen

Ist die Copilot-App installiert, können Sie sie jederzeit – je nach gewählten Installationsoptionen – im Startmenü oder über das Symbol in der Taskleiste öffnen. Wesentliches Element des Copiloten ist das Eingabefeld im unteren Bereich. Hier können Sie Ihre Anweisungen, Wünsche oder Fragen in ganz natürlicher Sprache eingeben. Sie können dabei vollständige Sätze verwenden oder auch die Eingaben auf das nötigste beschränken. „Wie hoch ist der Eiffelturm?" ist aus der Sicht der KI dasselbe wie „Eiffelturm Höhe".

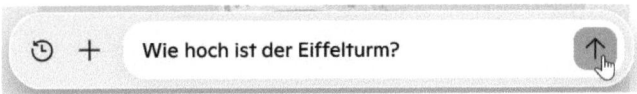

Die aufwendigen Analysen der KI erfolgen nicht auf Ihrem PC, sondern werden von leistungsfähigen Servern in der Microsoft-Cloud ausgeführt. Geben Sie dem Copiloten also immer etwas Zeit, eine Antwort zu formulieren. Oft baut sich die Antwort zeilenweise auf dem Bildschirm auf oder ein scheinbar fertiger Text wird nach kurzer „Denkpause" noch um weitere Abschnitt oder Vorschläge ergänzt. Einfache Fragen beantwortet der Copilot aber in der Regel innerhalb weniger Sekunden.

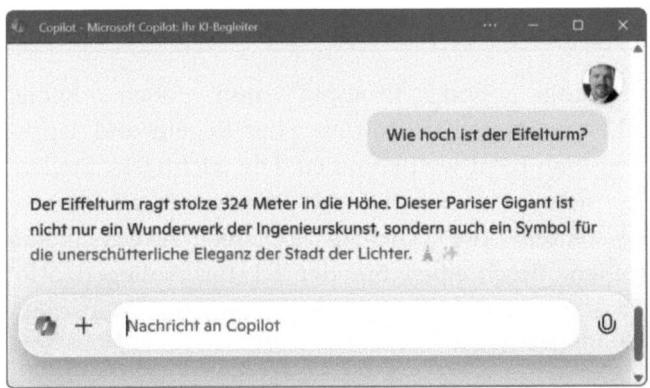

Copilot zurücksetzen
Der sich nach und nach aufbauende Inhalt der Antworten kann auf Dauer verwirren und den

Seitenbereich unübersichtlich erscheinen lassen. Ein einfaches Hilfsmittel ist das Copilot-Symbol ganz links neben dem Eingabefeld. Damit blenden Sie den laufenden Chat jederzeit aus und kehren zur Startansicht des Copiloten zurück.

Was kann der Microsoft Copilot?

Wenn Sie den Copilot öffnen, sehen Sie zunächst ein leeres Eingabefeld vor sich. Dort geben Sie Ihre Anweisung für die KI in ganz normaler Sprache ein. Dieser sogenannte Prompt ist die Schnittstelle zur KI ist, kommt ihm eine große Bedeutung bei. Es hat sich innerhalb kürzester Zeit das neue Berufsbild des Prompt-Engineer entwickelt, mit dem man gutes Geld verdienen kann: als jemand, der genau weiß, wie man einer KI möglichst schnell und effektiv genau die gewünschten Informationen entlocken kann.

Allerdings sind Prompts nun auch keine Geheimwissenschaft. Mit ein paar Regeln und Tipps kann man recht weit kommen. Die wichtigste: Stellen Sie sich vor, Sie würden einem menschlichen Assistenten, der für Sie arbeitet, Anweisungen erteilen. Beschreiben Sie der KI Ihr Anliegen also genau so, als ob Sie es einem anderen Menschen mitteilen würden.

Abgesehen davon sollten Sie der KI immer möglichst viel Informationen bzw. genaue Vorgaben machen. Anstatt

Wie funktioniert Oxidation?

Können Sie beispielsweise schreiben

▶ *Beschreibe Oxidation in drei Sätzen.*

▶ *Liste die fünf wichtigsten Aspekte zur Oxidation auf.*

▶ *Ich schreibe morgen eine Klassenarbeit über das Thema Oxidation. Was für Fragen könnten in der Arbeit vorkommen?*

▶ und ergänzend dazu: *Was sind gute Antworten auf diese Fragen?*

Geben Sie der KI Kontext

Ein wichtiges Gestaltungsmittel bei Prompts ist es, der KI einen bestimmten Kontext mitzugeben, in dem sie operieren soll. Es macht ja einen riesigen Unterschied, ob man beispielsweise das Funktionsprinzip eines Elektromotors einem Kindergartenkind oder einen Elektrotechnik-Studenten erklären möchte. Teilen Sie der KI also mit, wofür bzw. für wen Informationen bereitgestellt werden sollen.

Generative KIs können auch Rollen annehmen, die Sie Ihnen zuweisen. Sie können also beispielsweise schreiben:

Stell Dir vor, Du bist Physiklehrer in einer fünften Klasse und willst Deinen Schülern erklären, wie ein Elektromotor funktioniert.

Ebenso können KIs eine ganze bestimmte Rolle in einem fiktiven Dialog einnehmen:

Stell Dir vor, Du bist Personalchef in einem regionalen Entsorgungsunternehmen und führst ein Bewerbungsgespräch mit mir. Welche Fragen würdest Du mir stellen?

Weitere Rollen, die eine KI einnehmen kann:

▶ Sie kann Experte für ein bestimmtes Fachgebiet sein und aus dieser Perspektive antworten.

▶ Sie kann bei einem Pro- und Kontra-Thema einen bestimmten Standpunkt einnehmen und diesen vertreten.

▶ Sie kann die Perspektive einer Person aus einer ganz bestimmten Zeit einnehmen.

▶ Sie kann in die Rolle einer ganz spezifischen Persönlichkeit schlüpfen, wie etwa William Shakespeare, Albert Einstein oder Marie Curie.

Dieses Kontext-Prinzip lässt sich auf andere Arten von Prompts übertragen. Auch bei Bildern etwa kann es einen großen Unterschied machen, wofür man das Bild verwenden möchte. Wenn Sie das der KI mitteilen, wird sie entsprechend passgenauere Inhalte erzeugen. Und das kann einen wichtigen Unterschied machen, etwa

Erstelle ein Bild von einem grinsenden Clown. Es soll auf eine Einladungskarte zu einem Kindergeburtstag.

oder

Erstelle ein Bild von einem grinsenden Clown. Es soll die Titelseite meines neuen Horror-Romans werden.

Lassen Sie sich Prompts vorschlagen

Generative KIs können Texte erzeugen und ein Prompt ist auch nur ein Text. Sie können sich von einer KI also auch Prompts generieren lassen. Das mag im ersten Moment etwas seltsam anmuten. Aber wenn Sie nicht wissen, wie Sie eine Aufgabe angehen sollen, lassen sie sich dafür einen Prompt erstellen:

Erstelle mir einen Prompt, mit dem ich eine schöne, nicht zu aufregende Gute-Nacht-Geschichte für meinen Sohn generieren kann.

Auf diese Weise bekommen Sie nicht nur einen passenden Prompt, sondern lernen auch gleich einiges über die Möglichkeiten bei der Prompt-Gestaltung.

Bilder mit dem Copilot generieren

Der Copilot kann nicht nur Texte sondern auch Bilder erschaffen. Das zugrundeliegende KI-System hat neben seinem Sprachmodell auch Wissen darüber, wie Dinge aussehen. Dazu wurde es mit Millionen klassifizierten Bildern von Autos, Hunden, Burgen oder Wolken trainiert. Es weiß also nicht nur, was das Wort „Burg" bedeutet, sondern auch, wie eine Burg aussieht und kann ein Bild von einer Burg generieren.

Ebenso ist Copilot in der Lage, mehrere Objekte zu kombinieren und daraus ein für das menschliche Auge harmonisches Bild zu erzeugen. Dazu reicht es, dem KI-Bildgenerator in einfachen Worten mitzuteilen, was das Bild zeigen soll:

1. So können Sie beim Copilot anstatt oder ergänzend zur Anfrage *Schreibe mir zehn Sätze über die Akropolis* ebenso eine Anweisung zum Generieren eines Bildes geben: *Erstelle mir ein Bild von der Akropolis in der Abenddämmerung.*

2. Der Copilot wird Ihnen daraufhin (nach etwas Wartezeit, da das Generieren von Bildern grundlegend mehr Rechenpower benötigt als das Erzeugen von Text) einen Vorschlag machen, den er aufgrund Ihrer Anfrage generiert hat.

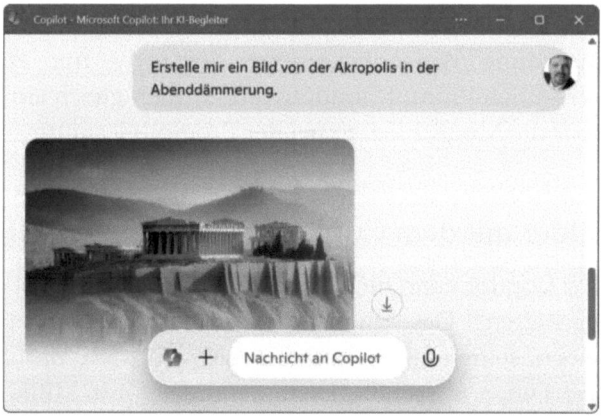

3. Sind Sie damit zufrieden, können Sie das Bild mit dem Download-Symbol herunterladen.

4. Falls das Bild noch nicht Ihren Geschmack trifft, können Sie dem Copilot konkrete Vorgaben machen, was geändert werden soll, beispielsweise *Generiere ein Bild, bei dem der Tempel auf der Akropolis mehr Platz einnimmt.*

5. Oder Sie lassen sich einfach noch mehr Vorschläge machen, bis etwas Passendes dabei ist: *Erstelle weitere Varianten.*

Bilder zum Copilot hochladen

Da die Kenntnisse des Copilot auch Wissen über das Aussehen von Dingen umfassen, kann er auch Bilder analysieren und mit seinem Wissensbestand abzugleichen. So kann er bestimmte Objekte oder auch Orte in Bildern erkennen und Ihnen verraten, um was es sich dabei handelt bzw. wo sich das abgebildete Objekt befindet. Dazu erlaubt Copilot Ihnen, zu einer Texteingabe ein Bild hochzuladen und dieses dann gemäß Ihren Vorgaben zu verarbeiten.

1. Klicken Sie im Eingabefeld auf +-Symbol, um ein Bild hochzuladen.

2. Navigieren Sie im so geöffneten Auswahldialog zur gewünschten Bilddatei.

Dateien direkt auf den Eingabeprompt ziehen

Wenn Sie Freund einer gewissen Mausakrobatik sind, können Sie eine Bilddatei auch direkt mit der Maus aus einem Ordner auf das Eingabefeld des Copilot ziehen. Der Effekt ist genau derselben, als wenn Sie auf das +-Symbol klicken und dann diese Datei auswählen würden.

3. Wenn die Datei erfolgreich zum Copiloten hochgeladen wurde, sehen Sie eine kleine Bildvorschau im Eingabefeld. Tippen Sie hier nun Ihre Anfrage ein, beispielsweise:

Was ist das für ein Schloss?

4. Klicken Sie zum Absenden auf das Pfeil-Symbol unten rechts oder drücken Sie **[Eingabe]**.

5. Der KI-Assistent analysiert dann den Inhalt des Bildes und bemüht sich, ihre Frage zu beantworten.

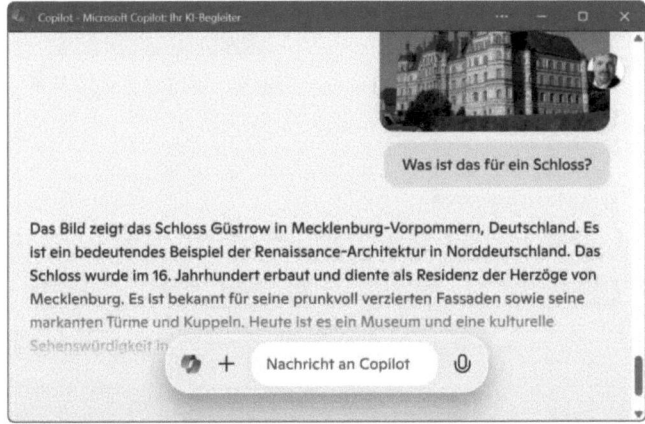

Bilder analysieren lassen

Copilot kann Ihnen zu einem Bild nicht nur verraten, was es zeigt. Die KI kann den Bildinhalt analysieren und Fragen dazu beantworten. So können Sie sich beispielsweise eine Beschreibung oder auch Analyse eines Bildes geben lassen. Eine sehr praktische Variante zum Experimentieren mit den Fähigkeiten der KI ist es, sich anhand eines Bildes einen Prompt generieren zu lassen, mit dem man ein Bild in dieser Art generieren könnte. Laden Sie dazu wie vorangehend beschrieben ein Bild hoch und geben Sie als Anweisung:

Erstelle mir einen Prompt, der ein Bild in dieser Art generieren würde.

45

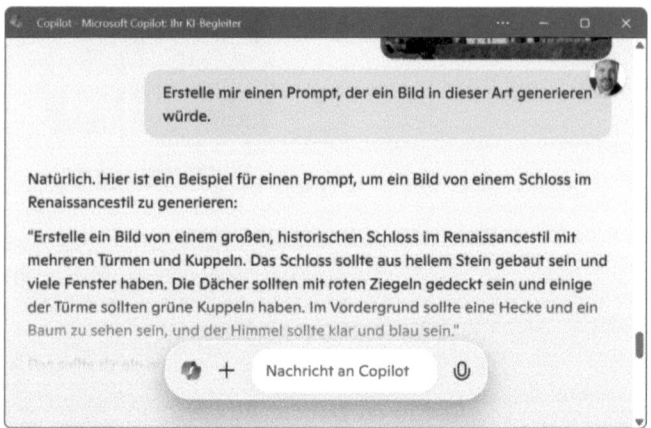

Anschließend können Sie die KI auf die Probe stellen: Kopieren Sie die Antwort und fügen Sie diese als neuen Prompt in die Eingabeaufforderung ein.

Zur früheren Chats zurückkehren

Haben Sie den Copilot mit Ihrem Microsoft-Konto verbunden, „merkt" er sich Ihre Chats, so dass Sie Themen jederzeit erneut aufgreifen und fortsetzen können.

1. Sofern Sie nicht in der Startansicht des Copilot sind, klicken Sie links im Eingabefeld auf das Copilot-Symbol. Damit kehren Sie zur Startansicht zurück.

2. In der Startansicht sehen Sie links im Eingabefeld anstelle des Copilot-Symbols eine Verlauf-Schaltfläche. Klicken

Sie darauf, um Ihren Chat-Verlauf anzuzeigen.

3. In einem Dialog werden darauf in chronologischer Reihenfolge Ihre zurückliegenden Konversationen mit dem KI-Assistenten aufgeführt.

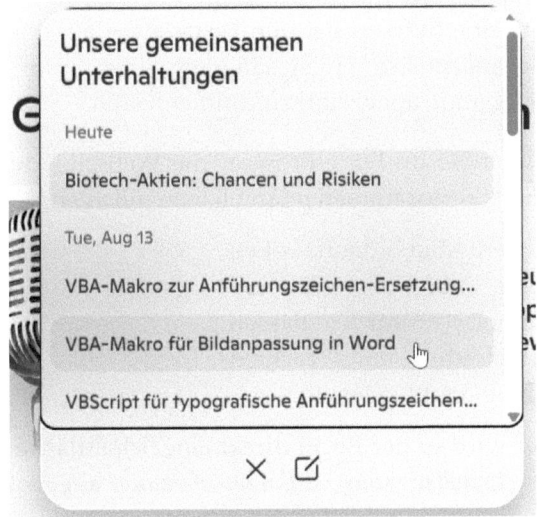

4. Um zu einer davon zurückzukehren, klicken Sie den entsprechenden Eintrag an.

Auf diese Weise gelangen Sie zurück zu dem Chat, so wie Sie ihn verlassen hatten. Es werden also alle Ihre Eingaben und die Antworten von Copilot angezeigt. Das dient nicht nur als bequemer Verlauf und Erinnerung. Sie können das Gespräch auch nahtlos fortsetzen. Der Copilot hat dabei weiterhin Zugriff auf alle Informationen, die Sie ihm damals ggf. zur

Verfügung gestellt haben und wird dementsprechend antworten.

Der Copilot im Edge-Browser

Im Zusammenhang mit dem Edge-Browser kann der Copilot seine Stärken bei der Textanalyse ausspielen und beispielsweise einen längeren Text, den der Browser gerade angezeigt, zusammenfassen.

1. Öffnen Sie im Edge-Browser die Webseite, deren Inhalt Sie zusammengefasst haben möchten.

2. Klicken Sie dann oben rechts auf das Copilot-Symbol, um dessen Seitenleiste am rechten Rand einzublenden.

3. Hier wird in der Regel direkt eine Schaltfläche für das *Erstellen einer Zusammenfassung* angeboten, die Sie nur anzuklicken brauchen.

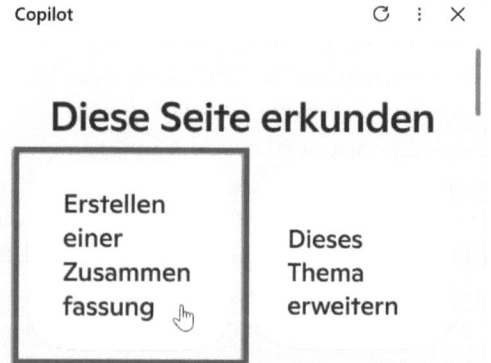

4. Copilot liefert Ihnen die Zusammenfassung dann als Antwort in diesem Dialog.

Copilot	↻ ⋮ ✕

Hier ist eine kurze Zusammenfassung der Hauptpunkte auf der Seite:

- **Problem:** Die Bildschirmtastatur wird beim Entsperren eines Android-Smartphones nicht angezeigt.

- **Lösung:** Eine USB-Tastatur über einen USB-OTG-Adapter anschließen, um das Passwort einzugeben.

- **Ursache:** Wahrscheinlich wurde eine alternative Bildschirmtastatur installiert, die nach dem Löschen von Dateien nicht mehr richtig funktionierte.

- **Schritte zur Behebung:** Mit der USB-Tastatur das Passwort eingeben, in den Einstellungen zu einer anderen Tastatur wechseln und die fehlerhafte Tastatur neu installieren.

Sollte die Schaltflächen für eine Zusammenfassung fehlen oder wenn Sie andere Fragen zu einer Webseite haben, können Sie diese auch direkt im Eingabeprompt unten in der Seitenleiste stellen, etwa:

▶ *Fasse die angezeigte Webseite zusammen*

▶ *Fasse die angezeigte Webseite in einem Satz zusammen*

▶ *Schreibe mir einen Zusammenfassung in einfacher Sprache*

Sie können aber auch beliebige andere Fragen, die sich auf diese Webseite, darin erwähnte Begriffe oder auch irgendetwas anderes beziehen. Copilot versucht stets, den richtigen Kontext für Ihre Frage automatisch zu erkennen. Dementsprechend verwendet er für die Antwort Informationen aus dieser Webseite oder für allgemeinere Themen das Web insgesamt. Wenn Sie also beispielsweise um eine Zusammenfassung bitten, wird der Kontext die angezeigte Webseite sein. Wenn Sie aber nach einer Erklärung für einen bestimmten Begriff fragen, greift der Assistent ggf. auf das Web zu, um eine passende Erklärung dafür zu finden.

Begriffe aus einer Webseite von Copilot erklären lassen

Sie können Copilot in Edge auch nutzen, um sich für Fachbegriffe aus einem Text Erklärungen oder weitergehende Informationen liefern zu lassen. Markieren Sie dazu ein oder mehrere Worte in einer Webseite und klicken Sie dann mit der rechten Maustaste auf die Markierung. Wählen Sie im so geöffneten Kontextmenü den Befehl *Copilot fragen*.

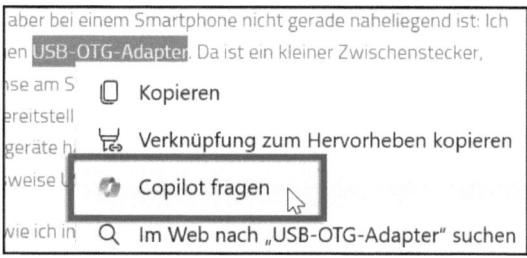

Der markierte Text wird daraufhin in der Seitenleiste rechts als Anfrage an Copilot übermittelt, der nach kurzer Wartezeit eine Antwort dazu liefern wird.

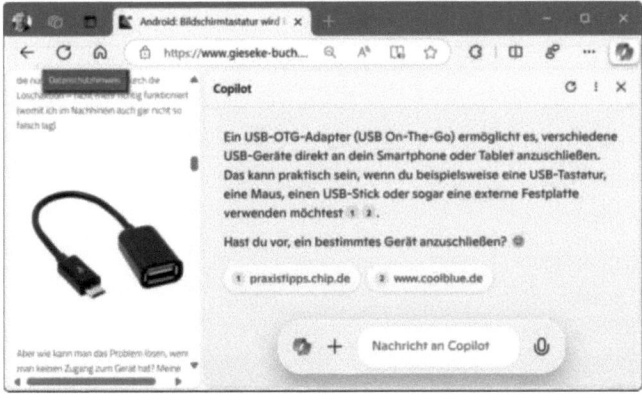

Neugierig auf KI?

Leider kann ich auf die vielfältigen Möglichkeiten, die sich durch generative KI-Systeme wie Copilot ergeben in diesem Büchlein nicht in aller Ausführlichkeit eingehen. Wenn Sie neugierig geworden sind, möchte ich Ihnen mein Buch zum praktischen Einstieg in das Thema ans Herz legen.

KI im praktischen Einsatz
Einstieg und Praxis

Wolfram Gieseke
368 Seiten
ISBN 978-3-98810-046-7
19,95 €

Windows und Smartphone nutzen

Schon länger bietet Windows die Möglichkeit, eine Verbindung zu Android-Smartphones herzustellen. Darüber kann man auf Fotos und andere Dateien auf dem Mobilgerät zugreifen und dieses sogar fernsteuern. Microsoft baut diesen Smart-Link weiter aus und fügt neue praktische Funktionen hinzu. Android-Smartphones lassen sich auf diese Weise sogar unkompliziert als Webcams für Videokonferenzen am PC nutzen.

Voraussetzung dafür ist eine vorhandene Verknüpfung zwischen Smartphone und Windows-PC. Dieser Vorgang ist nicht neu, weshalb ich hier nur kurz darauf eingehe:

1. Installieren Sie auf Ihrem Smartphone die App *Link zu Windows* aus dem Play Store (Android) bzw. App Store (Apple).

2. Öffnen Sie in den Windows-Einstellungen *Bluetooth und Geräte/Mobile Geräte* und schalten Sie dort *Smartphone-Link* ein (sofern noch nicht geschehen). Klicken Sie dann darunter auf *Smartphone-Link öffnen*.

3. Melden Sie sich ggf. mit Ihrem Microsoft-Konto an, sofern noch nicht erfolgt.

4. Koppeln Sie dann Smartphone und Windows-PC per QR-Code oder PIN.

Smartphone-Nachrichten am PC-Monitor

Sind Smartphone und PC verknüpft, werden Benachrichtigungen des Handys auch auf dem PC-Bildschirm angezeigt. Dafür ist es nicht mehr nötig, die Smartphone-Link-App für Windows geöffnet zu haben. Stattdessen werden alle eingehenden Nachrichten im Benachrichtigungsbereich von Windows am rechten Bildschirmrand angezeigt.

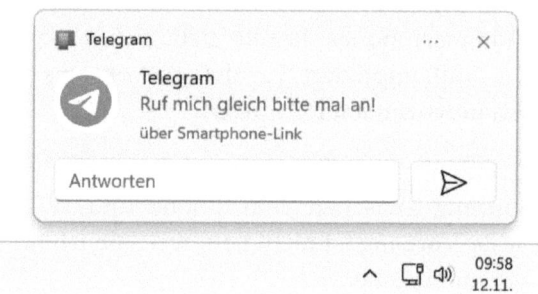

Was und wie auf dem Windows-Desktop angezeigt werden soll, können Sie in *Smartphone-Link* einstellen:

1. Klicken Sie oben rechts auf das Zahnradsymbol um die Einstellungen der App zu öffnen.

2. Im Bereich *Allgemein* steuern Sie bei *Banner*, wie ausführlich die Benachrichtigungen sein sollen. So können Sie beispielsweise entscheiden, ob nur eine Hinweis angezeigt werden soll oder ob auch Absender und der Inhalt sichtbar sein sollen.

Benachrichtigungen

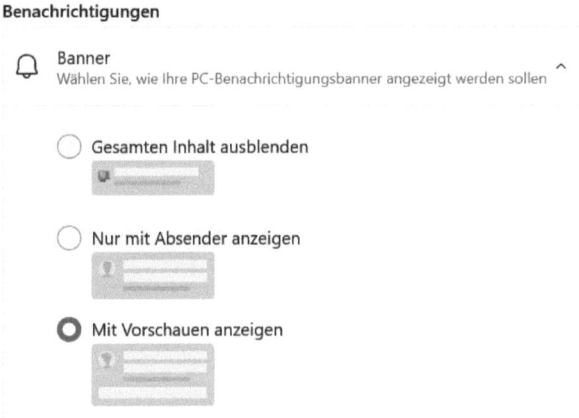

3. Im Bereich *Features* der Einstellungen können Sie festlegen, welche Funktionen die Smart Link-App genau ausführen soll. Falls Sie nicht alle *Benachrichtigungen* Ihres Smartphones am PC-Bildschirm sehen möchten, können Sie dies hier deaktivieren. Unabhängig davon können Sie das Anzeigen von *Nachrichten* (also Messenger-Chats, SMS usw.) einstellen.

Features

Smartphone-Apps am PC nutzen

Die Smartphone-Link-App von Windows bietet schon länger die Möglichkeit, den Bildschirminhalt des Mobilgeräts am PC-Bildschirm zu spiegeln und auch mit der Maus oder per Touch damit zu interagieren. So kann das Smartphone in der Tasche bleiben und Sie können trotzdem vollumfänglich auf dessen Inhalte und Funktionen zugreifen. Mittlerweile ist diese Funktion noch komfortabler geworden, denn Sie können nun im Infobereich direkt auf die zuletzt genutzten Apps Ihres Smartphones zugreifen. Diese werden dann auf dem Handy geöffnet und der Inhalt in einem Fenster am PC-Bildschirm angezeigt.

1. Öffnen Sie den erweiterten Infobereich mit einem Klick auf das ⌃ -Symbol.

2. Klicken Sie dann auf das Symbol der Smart-Link-App.

3. Daraufhin wird oberhalb davon ein zusätzlicher Bereich eingeblendet, der die zuletzt verwendeten Apps auf Ihrem Smartphone anzeigt.

4. Sollte die gewünschte App nicht dabei sein, öffnen Sie mit *Alle Apps* eine ausführliche Liste. Diese erlaubt es Ihnen auch Favoriten festzulegen, durch die Sie bevorzugte Apps in Zukunft schneller finden können.

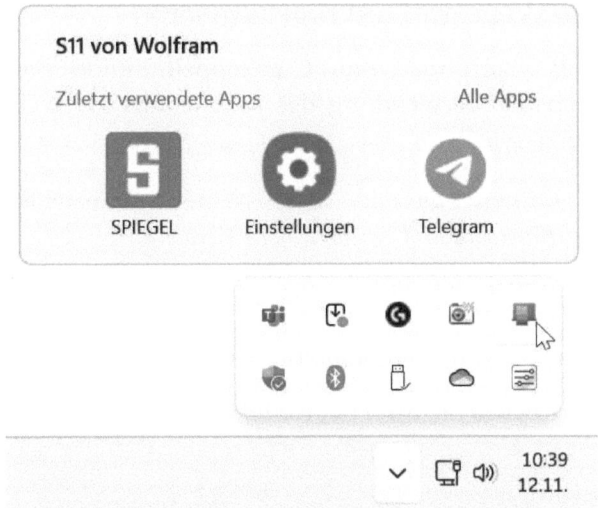

5. Wenn Sie eine App auswählen, wird deren Inhalt in einem separaten Fenster auf dem PC-Bildschirm angezeigt. Sie können mit Maus und Tastatur damit interagieren. Wenn Ihr PC über einen Touchscreen verfügt, können Sie die App auch wie gewohnt mit dem Finger bedienen.

Android-Smartphone als Webcam

Als weitere spannende neue Möglichkeit können Sie die Kamera Ihres Smartphones als Webcam am Windows-PC nutzen und so ohne zusätzliche Hardware beispielsweise an Videokonferenzen teilnehmen. Dies geht allerdings nur mit Android-Geräte und diese müssen mindestens Android 8.0 installiert haben.

Die Webcam-Funktion aktivieren

Sind Smartphone und PC gekoppelt, müssen Sie nur noch die Verwendung des Mobilgeräts als Webcam aktivieren:

1. Öffnen Sie in den Windows-Einstellungen *Bluetooth und Geräte/Mobile Geräte.*

2. Stellen Sie sicher, dass ganz oben die Option *Zulassen, dass dieser PC auf Ihre mobilen Gerät zugreift* eingeschaltet ist.

3. Klicken Sie direkt darunter auf *Geräte verwalten.*

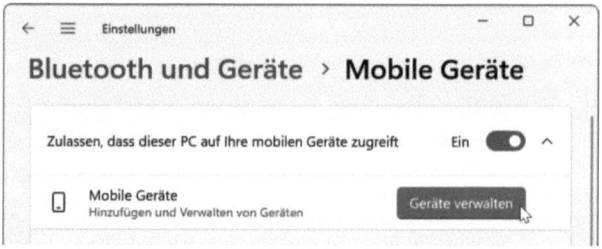

4. Melden Sie sich mit Ihrem Microsoft-Konto an, falls erforderlich. Sollten Sie mehrere Konten haben, verwenden Sie das, welches Sie auch beim Koppeln des PCs mit dem Mobilgerät genutzt haben.

5. Unter *Meine Geräte* sollte nun Ihr Android-Smartphone aufgeführt werden. Stellen Sie sicher, dass dieses *Aktiviert* ist.

6. Klappen Sie dessen Eintrag mit dem Pfeil ganz rechts ggf. auf, um alle Optionen anzuzeigen.

7. Stellen Sie sicher, das bei *Als verbundene Kamera verwenden* der Schalter rechts auf *Ein* steht.

Die virtuelle Webcam im Einsatz

Damit sind die Voraussetzungen gegeben, um das Smartphone als Webcam zu nutzen. Dies geht mit jeder App, welche die Standardfunktionen von Windows nutzt, also beispielsweise auch mit diversen Apps für Messanging und Videokonferenzen wie etwa Teams, Zoom usw. Wenn keine andere Webcam vorhanden ist, wird das verbundene Smartphone automatisch als Standardkamera verwendet. Für einen schnellen Test können Sie auch die Windows-eigene *Kamera*-App verwenden.

Hinweis: Die Webcam-Funktion lässt sich aus Sicherheitsgründen nur bei entsperrtem Gerät nutzen. Am besten entsperren Sie das Gerät von vorneherein. Im Zweifelsfall wird das Smartphone Sie aber auch auffordern, den Bildschirm zu entsperren.

1. Öffnen Sie die Kamera-App oder eben eine Kommunikations-App Ihrer Wahl und starten Sie darin einen Videochat. Bei einigen Apps finden Sie in den Kamera-Einstellungen auch eine Testfunktion, mit der Sie die Kamera „trocken" ausprobieren können.

2. Ist das Smartphone entsperrt, sehen Sie in der App direkt das Bild der Kamera (in der Regel der rückwärtigen Linse). Andernfalls entsperren Sie

das Mobilgerät, damit das Bild der Kamera in der Windows-App angezeigt wird.

3. Auf dem Smartphone-Bildschirm werden dabei zwei Schaltflächen angezeigt, mit denen Sie jederzeit zwischen Front- und Rückkamera wechseln sowie das Bewegtbild vorübergehend anhalten können.

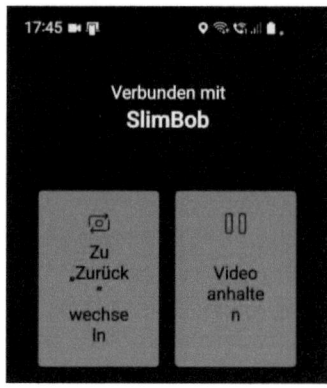

Probleme mit der Smartphone-Kamera lösen

Falls das Nutzen der Smartphone-Kamera nicht auf Anhieb klappt, überprüfen Sie zunächst, ob die Link zu Windows-App auf dem Mobilgerät aktiv ist. Starten Sie diese ggf. einmal manuell. Kontrollieren Sie dann in die vorangehend beschriebenen Windows-Einstellungen, ob das Smartphone erfolgreich gekoppelt und der Zugriff des PCs auf die Mobilfunktionen aktiviert ist.

Einstellungen für die virtuelle Kamera

Falls das Bild der Kamera auf dem Windows-PC quer oder auf dem Kopf angezeigt wird, können Sie dies in den Windows-Einstellungen ausgleichen.

1. Öffnen Sie den Bereich *Bluetooth und Geräte/Kameras*.

2. Wählen Sie im Abschnitt verbundene Kamera das Mobilgerät aus. Dieses ist an der Ergänzung *(Windows virtuelle Kamera)* zu erkennen.

3. In den so geöffneten Einstellungen sehen Sie eine Vorschau des Kamerabildes.

4. Darunter können Sie bei Videodrehung festlegen, wie das vom Smartphone angelieferte Bild durch Windows gedreht werden soll, so dass es letztlich mit korrekter Orientierung auf dem Windows-Monitor angezeigt wird. Die Auswirkung der jeweiligen Einstellungen sehen Sie direkt im der Vorschau. Im Zweifelsfall können Sie als alle durchprobieren, bis es passt.

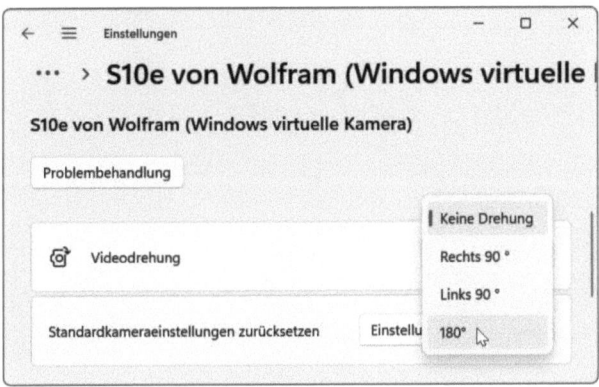

Windows Recall

Eine der umstrittensten neuen Funktionen von 24H2 ist noch gar nicht dabei. Das Grundprinzip von Recall ist, dass Windows automatisch permanent Schnappschüsse vom Bildschirminhalt macht. Diese stehen dann in einer Art Verlaufsgalerie zur Verfügung, so dass man frühere Aktivitäten jederzeit Revue passieren lassen kann. Vor allem aber werden die Inhalte mit Hilfe von KI erfasst und verarbeitet. Textanteile werden automatisch erkannt. Abbildungen werden analysiert. Dadurch entsteht eine durchsuchbare Historie, die Ihnen zu einem bestimmten Namen oder Begriff sofort zeigt, wann Sie sich wie damit beschäftigt haben.

Das klingt erstmal gar nicht schlecht, bietet aber andererseits ein Potenzial für die totale Überwachung, weshalb Windows Recall von Anfang an stark kritisiert wurde. Vielleicht hat auch diese Kritik dazu geführt, dass Microsoft die Einführung mehrfach verschoben hat, um die Funktion weiter zu optimieren. Letztlich wurde Sie deshalb nicht für das 24H2-Funktions-Update freigeben, sondern soll erst in weiteren Previews getestet werden.

Aber selbst wenn Windows Recall rechtzeitig fertig geworden wäre, hätten die wenigsten Nutzer etwas davon gehabt. Microsoft will diese Funktion zunächst nur Anwendern mit der optimalen Hardware zugänglich machen. Da sind die sogenannten

Copilot+-PCs, deren Chipsatz eine Neural Processing Unit enthält, also einen speziellen Coprozessor für KI-Anwendungen. Böse Zungen behaupten, dass eine solche Einheit für Recall eigentlich nicht nötig wäre und es sich dabei eher um eine Marketing-Maßnahme handele, die den Absatz neuer PCs ankurbeln soll. Jedenfalls führt es zu einer überschaubaren Zahl von Nutzern, denen Windows Recall zumindest anfangs überhaupt zur Verfügung steht.

Windows Recall deaktivieren

Wie vorangehend beschrieben, ist Windows Recall bei Windows 11 24H2 zunächst gar nicht dabei sondern wird ggf. später nachgeliefert. Außerdem wird es nur auf PCs mit spezieller Hardwareausstattung installiert. Wer es gerne hätte, wird sich also noch gedulden müssen. Und wer es auf keinen Fall will, der braucht sich vorläufig keine Gedanken zu machen. Bisherige Testversionen deuten allerdings daraufhin, dass Microsoft Windows Recall standardmäßig aktiviert ausliefern könnte, wenn es denn so weit ist. Deshalb hier für alle Datenschutzbesorgten die Möglichkeiten zum zuverlässigen Abschalten der Funktion.

Recall vorübergehend abschalten

Sie finden Recall im Prinzip gut, möchten aber in bestimmten Situationen keine Aufzeichnungen gemacht haben? Wenn Recall installiert und aktiviert ist, finden Sie ein Symbol dafür im Infobereich vor. Mit einem Klick darauf öffnen Sie einen Dialog, der unter anderem die Schaltfläche *Pause bis morgen* umfasst. Damit pausieren Sie Recall für den Rest des Tages oder bis Sie die Funktion auf die beschriebene Weise reaktivieren.

Per Windows-Einstellungen steuern

Wenn Windows Recall installiert wurde, finden sich in den Windows-Einstellungen neue Optionen dafür, die es ermöglichen, die Funktion zu steuern oder auch ganz zu deaktivieren. Öffnen Sie dazu in den Windows-Einstellungen den Bereich *Datenschutz und Sicherheit/Abruf und Snapshots* (die exakte Bezeichnung des Menüpunkts kann sich noch ändern).

▶ Hier können Sie die Funktion insgesamt ein- oder ausschalten.

▶ Außerdem können Sie den Speicher begrenzen, der für die Schnappschüsse bereitsteht. Ist dieser voll, werden jeweils die ältesten Daten automatisch gelöscht, um Platz für neue zu schaffen.

▶ Schließlich können Sie gezielt Schnappschüsse beispielsweise aus einem bestimmten Zeitraum löschen, etwa um manuell Platz zu schaffen oder um bestimmte, sensible Informationen aus dem Verlauf zu entfernen.

Recall per Registry unterbinden

Die vorangehend beschriebenen Methoden haben den Nachteil, dass erst anwendbar sind, wenn Windows Recall auf dem PC installiert ist. Vorher fehlen die entsprechenden Einstellmöglichkeiten einfach. Allerdings können Sie Recall auch per Windows-Registry deaktivieren und niemand kann Sie daran hindern, entsprechende Einträge bereits jetzt vorzunehmen.

1. Öffnen Sie den Registry-Editor.

2. Navigieren Sie darin zum Schlüssel *HKEY_CURRENT_USER/Software/Policies/Microsof tWindows/WindowsAI*. Sollte der Schlüssel *WindowsAI* noch nicht vorhanden sein, legen Sie ihn an (rechte Maustaste und dann *Neu/Schlüssel*).

3. Erstellen Sie im Schlüssel *WindowsAI* einen neuen DWORD-Wert mit der Bezeichnung *DisableAIDataAnalysis*.

4. Öffnen Sie diesen anschließend zum Bearbeiten und legen Sie den Wert auf *1* fest.

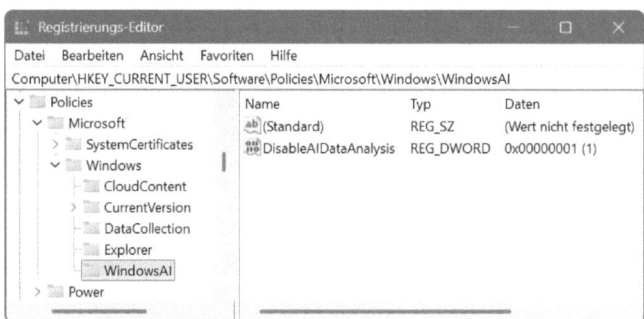

Windows Recall deinstallieren

Wenn Sie von der neuen Funktion definitiv gar nichts halten, können Sie das Feature als solches auch insgesamt entfernen.

1. Öffnen Sie dazu in der klassischen Systemsteuerung den Bereich *Programme und Feature*.

2. Wechseln Sie dann links in die Rubrik *Windows-Feature aktivieren oder deaktivieren*.

3. Lokalisieren Sie in der Liste dann die Recall-Funktion und entfernen Sie dort das Häkchen.

4. Klicken Sie unten auf *OK*, um das Feature entfernen zu lassen.

Auf diese Weise können Sie die Funktion später auch jederzeit wieder einrichten.

Dies und das

Neben den Neuerungen, die ich vorangehend ausführlicher vorgestellt habe, gibt es wie immer auch ein paar Kleinigkeiten und Verbesserungen, die ich nicht unerwähnt lassen möchte.

Mehr Archive im Windows-Explorer

Schon lange „kann" der Windows Explorer ZIP-Archive entpacken und ebenfalls Archive in diesem Format erstellen. In der jüngeren Vergangenheit hat er außerdem das Entpacken weiterer Formate wie etwa RAR gelernt. 24H2 ergänzt weitere Formate, aber vor allem die Fähigkeit, in weiteren Formaten nicht nur zu entpacken, sondern auch Archive zu erstellen und dabei im Detail Einfluss auf das Kompressionsverfahren zu nehmen:

1. Wählen Sie dazu weiterhin wie gehabt zunächst die Datei(en) im Windows Explorer aus, die Sie in ein Archiv komprimieren möchten.

2. Klicken Sie dann mit der rechte Maustaste auf die Auswahl und wählen Sie im Kontextmenü *Komprimieren in*.

3. Damit öffnen Sie ein Untermenü, dass Ihnen neben *ZIP* auch die Formate *7z* und *TAR* anbietet.

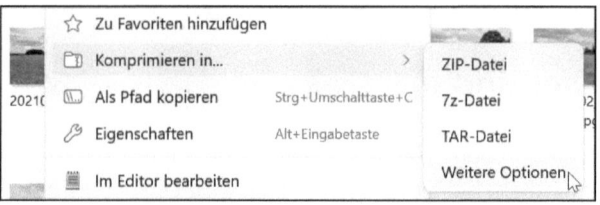

4. Wenn Sie sich nicht mit den Standardeinstellungen der jeweiligen Formate zufrieden geben wollen, wählen Sie stattdessen ganz unten im Untermenü *Weitere Optionen*.

5. Im so geöffneten Dialog das gewünschte Archivierungsformat, die Komprimierungsmethode sowie ggf. auch den Grad der Komprimierung detailliert festlegen.

6. Ist alles nach Wunsch eingestellt, klicken Sie unten auf *Erstellen*, um ein Archiv nach diesen Vorgaben zu erzeugen.

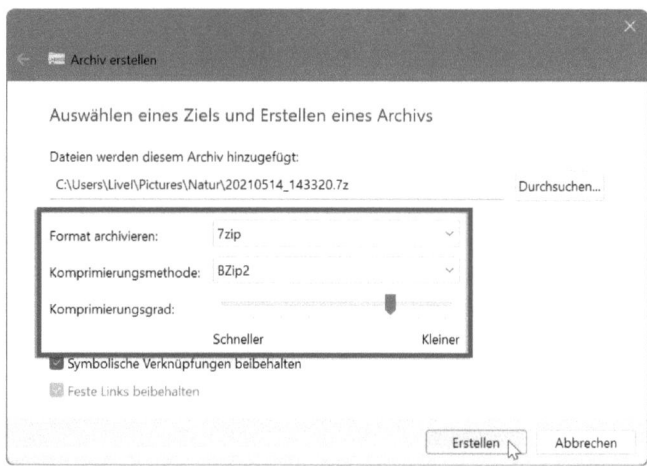

Und was ist mit RAR?

Das RAR-Format wird weiterhin nicht als Zielformat beim Erstellen von Archiven angeboten. Allerdings kann Windows nach wie vor RAR-Archive öffnen und entpacken. Ausnahmen sind passwort-geschützte RAR-Dateien, die der Windows Explorer nach wie vor nicht entschlüsseln kann. Wer diese Funktionalität benötigt, dem sein das kostenlose 7-Zip ans Herz gelegt (*www.7-zip.org*).

Drag & Drop mit der Explorer-Adressleiste

Schon lange hat der Windows Explorer eine Adressleiste, die ähnlich wie bei einem Webbrowser bei der Orientierung hilft. Sie zeigt jederzeit den vollständigen Pfad des Ordners an, dessen Inhalt gerade dargestellt wird. Dieses Feld ist interaktiv, denn Sie können jeden der darin angezeigten (Unter-)Ordner direkt anklicken, um dorthin zu wechseln. Und mit dem Pfeil-Symbol jeweils rechts neben einem der Ordner öffnen Sie eine Liste von dessen Unterordner und können so ebenfalls direkt dorthin wechseln.

Das alles klappte auch bislang schon. Neu ist, dass die Ordner in der Adressleiste als Ziel beim Kopieren oder Verschieben von Dateien mit der Maus per Drag&Drop dienen können.

1. Sie können nun also zuvor ausgewählte Dateien und Ordner mit gedrückter linker Maustaste

„ergreifen" und auf einen der Ordner im Adressbereich ziehen.

2. Handelt es sich um ein legitimes Ziel (manche Einträge wie etwa Bibliotheken entsprechen keinem tatsächlichen Ordner und sind deshalb unzulässig), zeigt der Windows Explorer an dieser Stelle dann einen Hinweis *Nach ... verschieben* an.

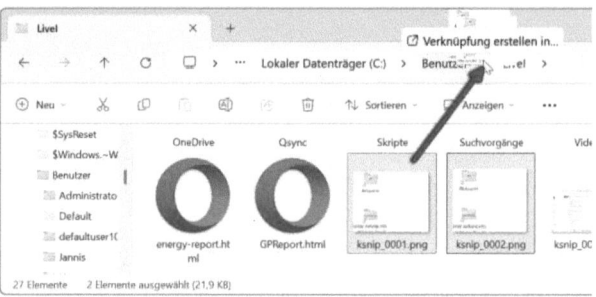

3. Wollen Sie kopieren statt verschieben, können Sie den Modus nun durch gedrückt halten von [Strg] wechseln. Mit [Alt] können Sie alternativ auch „nur" eine Verknüpfung im Zielordner erstellen.

4. Lassen Sie die Maustaste dann los, um die Aktion auszuführen.

Hinweis: Sollten Sie die Aktion zu irgendeinem Zeitpunkt abbrechen wollen, lassen Sie die linke Maustaste nicht einfach los, da die gewählten Objekte dann unter Umständen unkontrolliert verschoben werden. Drücken Sie stattdessen kurz **[Esc]**, um den Vorgang abzubrechen. Anschließend können Sie die Maustaste loslassen.

Klarere Stimme bei Chats und Spracheingabe

Die aktuelle Windows-Version kann die Aufzeichnung Ihrer Stimme für Kommunikation oder auch Sprachsteuerung bzw. Spracheingaben optimieren. Dabei werden Frequenzen betont, die zur menschlichen Stimme gehören, während andere Frequenzbereiche reduziert werden. Gerade in unruhigen Umgebungen kann das Ihre Stimme deutlich verständlicher für andere Menschen oder für die Verarbeitung durch eine Spracherkennung machen.

1. Öffnen Sie in den Windows-Einstellungen den Bereich *System/Sound*.

2. Lokalisieren Sie dort im Abschnitt *Eingabe* den Eintrag für Ihr *Mikrofon*. Dieser kann je nach Hardware auch abweichend benannt sein, beispielsweise *Mikroarray*. Klicken Sie bei diesem Eintrag auf den Pfeil ganz rechts, um ihn auszuklappen.

3. Darin finden Sie einen *Mikrofontest*, der nicht neu, aber grundsätzlich empfehlenswert ist. Klicken Sie auf die Schaltfläche und sprechen Sie dann einige Sekunden ganz normal, so wie Sie das Mikrofon auch in der Praxis nutzen würden. Der Test beendet sich automatisch und kalibriert die Eingangslautstärke passend.

4. Unterhalb des Tests finden Sie den *Testmodus für Mikrofonaudioverarbeitung*. Wechseln Sie hier zur

Option *Kommunikation*, um das Mikrofon für Sprachaufnahmen zu optimieren.

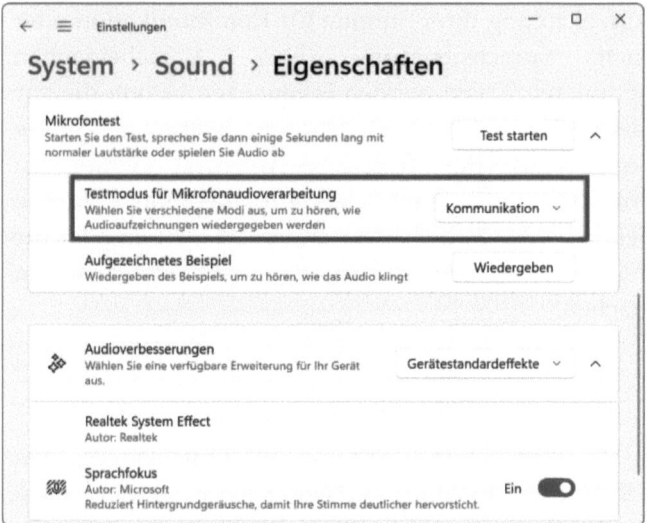

Weitere Verbesserung durch Sprachfokus

Je nach vorhandener Hardware bietet Ihr PC eventuell weitere Möglichkeiten, die Verständlichkeit von Sprache zu verbessern. Wählen Sie dazu im selben Menü ggf. bei Audioverbesserungen die Option *Gerätestandardeffekte* aus. Sofern Ihre Audiohardware dies unterstützt, werden darunter dann weitere Einstellungen wie etwa der *Sprachfokus* angezeigt.

Teams für private und berufliche Chats

Das mit Windows ausgelieferte Microsoft Teams kann nun mehrere Konten gleichzeitig bedienen. So können

Sie sowohl mit einem privaten Konto mit Freunden und Familie chatten und gleichzeitig mit einem Firmenkonto Ihre beruflichen Kontakte im Blick behalten. Die Teams-App kann beide Konten gleichzeitig bedienen und erlaubt dabei eine saubere Trennung.

Wichtig dabei ist allerdings: Sie können jeweils nur ein persönliches Microsoft-Konto und ein Geschäfts-, Schul- oder Uni-Konto gleichzeitig verwende, nicht aber zwei persönliche Microsoft-Konten.

▶ Ein persönliches Microsoft-Konto ist eines, das Sie selbst bei Microsoft oder beispielsweise im Rahmen einer Windows-Installation erstellt haben.

▶ Ein Geschäfts-, Schul- oder Unikonto wurde Ihnen vom Administrator Ihre Firma, Schule oder Uni zugewiesen und ist häufig mit weiteren Diensten wie etwa Microsoft 365 Business oder Microsoft 365 Education-Produkten verknüpft.

Wenn Sie bereits ein persönliches oder ein geschäftliches Konto in Teams angemeldet haben, können Sie jederzeit ein jeweils anderes hinzufügen:

1. Öffnen Sie die Teams-App.

2. Klicken Sie oben in der Titelleiste auf das Profilbild des bereits angemeldeten Kontos.

3. Klicken Sie im so geöffneten Dialog unten auf *Weiteres Konto hinzufügen*.

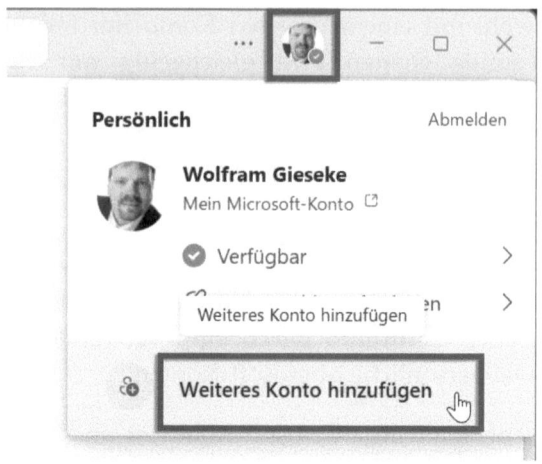

4. Anschließend sehen Sie das oder die bereits für Teams verwendeten Konten. Um ein weiteres hinzuzufügen, klicken Sie auf Anderes Konto verwenden.

5. Damit starten Sie den herkömmlichen Anmelde-Prozess, bei dem Sie E-Mail-Adresse, Telefonnummer oder Skype-Name des Kontos und anschließend das Kennwort eingeben. Sofern ein zweiter Faktor für das Konto eingerichtet ist, wird auch dieser benötigt.

QR-Codes zum Teilen von Webadressen

QR-Codes sind eine praktische Möglichkeit, Adressen von Webseiten oder auch freigegebenen Cloud-Dateien weiterzugeben. Sie lassen sich beispielsweise auf Visitenkarten, Briefsendungen, Aushänge oder Plakate drucken und können dort von jedem

Betrachter direkt mit dem Smartphone gescannt werden.

Es gibt verschiedenen Möglichkeiten wie etwa Apps oder Webdienste, um solche QR-Codes zu erstellen. Windows aber kann dies ab 24H2 direkt selbst erledigen. Dazu wurde die systemweite Teilen-Funktion um diese Möglichkeit ergänzt. Sie kann immer dann genutzt werden, wenn es um das Weiterleiten eine Internetadresse geht. Das folgende Beispiel zeigt, wie Sie die Adresse der aktuell im Edge-Browser geöffneten Webseite in einen QR-Code umwandeln:

1. Öffnen Sie die Webseite, die Sie teilen möchten, so dass die gewünschte Zieladresse im Such- und Adressfeld des Browsers angezeigt wird.

2. Klicken Sie dann rechts in der Symbolleiste auf ••• und wählen Sie im so geöffneten Menü *Weitere Tools/Teilen*. Alternativ können Sie auch mit der rechten Maustaste irgendwo auf die angezeigte Webseite klicken und im so geöffneten Kontextmenü direkt *Teilen* wählen.

3. Klicken Sie im *Teilen*-Dialog auf *Windows-Freigabeopt.*

4. Damit öffnen Sie einen weiteren Dialog, in dem ganz oben die Adresse der aktuellen Webseite angezeigt wird. Recht daneben finden Sie zwei Schaltfläche, von denen die ganz rechte die Link-Adresse im Klartext in die Zwischenablage kopiert.

5. Klicken Sie aber stattdessen auf das linke der beiden Symbole, generiert Windows einen QR-Code für die Webadresse und zeigt diese auf dem Bildschirm an.

6. Nutzen Sie nun beispielsweise die Kamera Ihres Smartphones, um der Code einzuscannen. Bei den meisten modernen Mobilgeräten benötigen Sie dafür keine besondere App, sondern können direkt die Kamera-App nutzen. Diese erkennt den QR-Code automatisch und bietet Ihnen an, die Webseite zu besuchen.

Der Dialog bietet leider keine Möglichkeit, den QR-Code auf dem PC als Bilddatei zu speichern. Dies können Sie aber mit einem Bildschirmfoto umgehen, wenn Sie **[Win]** + **[Umschalt]** + **[S]** drücken. Markieren Sie dann den QR-Code, indem Sie an

der oberen, linken Ecke klicken und den Mauszeiger bei gedrückter Taste zur rechten unteren Ecke ziehen und dort loslassen. Damit übertragen Sie den ausgewählten Bildschirmbereich als Grafik in die Zwischenablagen. Diese können Sie dann in einer beliebigen Bildbearbeitungsanwendung einfügen. So lässt sich der QR-Code speichern oder auch in Dokumente einfügen.

Neues in den Windows-Einstellungen

Auch bei den Windows-Einstellungen hat sich mal wieder etwas getan. Allerdings nicht so viel, dass es gleich ein eigenes Kapitel erfordern würde – was ja aber an sich nichts schlechtes sein muss.

Maus: Präzision und Laufrichtung steuern

Mal wieder ein Beispiel aus dem Bereich „Warum gibt es das nicht schon längst?": Mausbenutzer können nun in den Windows-Einstellungen die Präzision und die Scrollrichtung ihrer Maus steuern, was bislang nur über zusätzliche Programm oder kryptische Registry-Einstellungen möglich war. Die Optionen dafür finden Sie unter *Bluetooth und Geräte/Maus*.

▷ Im obersten Abschnitt ist nun die Einstellung *Verbessern der Zeigergenauigkeit* neu hinzugekommen. Ich würde empfehlen, diese Option prinzipiell eingeschaltet zu lassen. Sollten sich dadurch aber Probleme wie etwa ein überempfindlicher oder dauerhaft nervös zuckender Mauszeiger ergeben, kann die Option ausschalten und die Empfindlichkeit dadurch reduzieren.

▶ Die zweite neue Einstellung befindet sich am unteren Ende des Abschnitts *Bildlauf*. Mit *Scrollrichtung* können Sie die Wirkung des Scrollrads bzw. bei Touchgeräten einer Scrollgeste umkehren. Verhält sich das Scrollen also genau entgegengesetzt zu Ihren Erwartungen, wählen Sie jeweils die andere Option.

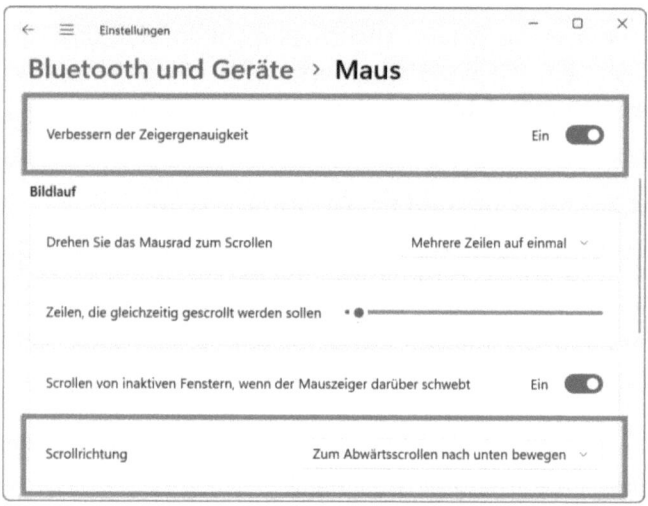

Übermittlungsoptimierung im neuen Design

In den Windows-Einstellungen lässt sich das Beschaffen und Einspielen von Windows-Updates detailliert einstellen, so dass etwa das Herunterladen von Updates unauffällig im Hintergrund geschieht, ohne den Anwender in der Nutzung des PCs spürbar zu beeinträchtigen.

Daran hat sich auch nicht geändert, aber die Entwickler haben die dafür zuständigen Einstellungen nun modernisiert und dem Erscheinungsbild der sonstigen Windows-Einstellungen angepasst, so dass sie nicht mehr wie ein hastig drangebastelter Fremdkörper wirken. Da sich inhaltlich nicht verändert, sollte man sich mit dem neuen Aussehen schnell anfreunden können. Sie können es unter *Windows Update/Erweiterte Optionen/Übermittlungsoptimierung* besichtigen.

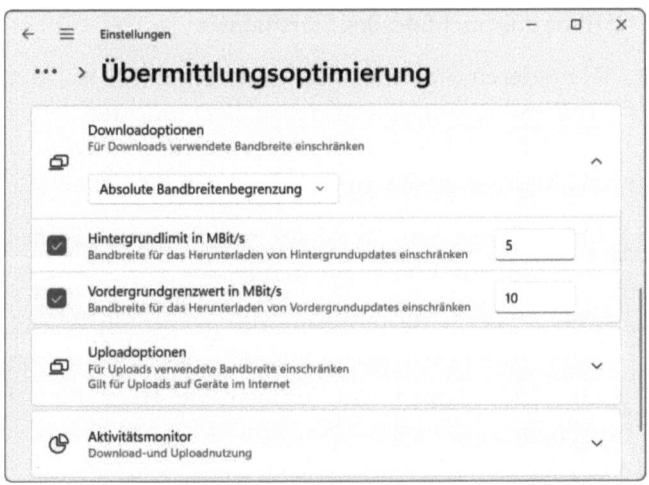

Registry: Suchen in Unterstrukturen

Die Windows-Registry besteht aus einer nahezu unendlichen Vielzahl von Einstellmöglichkeiten. Solange man genau weiß, wo ein bestimmter Eintrag zu finden ist, kommt man gut zurecht. Was aber, wenn man den Namen eines Eintrags kennt, nicht aber dessen Position? Dann hilft nur die Suchfunktion des Registry-Editors. Diese hat nun eine hilfreiche Verbesserung erfahren. Denn während man früher nur pauschal die gesamte Registrierungsdatenbank durchforsten konnte, lässt sich die Suche nun auf einen ausgewählten Teil beschränken.

1. Öffnen Sie den Registry-Editor beispielsweise über das Suchfeld des Startmenüs.

2. Navigieren Sie dann zum obersten Schlüssel der Teilstruktur die Sie durchsuchen möchten, etwa *Computer\HKEY_CURRENT_UNSER\Software*. Wählen Sie diesen mit einem Mausklick aus.

3. Öffnen Sie dann im Menü mit *Bearbeiten/Suchen* (oder **[Strg]+[F]**) den Suchen-Dialog.

4. Geben Sie die Bezeichnung des gesuchten Wertes oder zumindest einen wesentlichen Teil davon ein. Die *Suchoptionen* können Sie nach Bedarf wählen.

5. Setzen Sie dann unten bei *In Unterstruktur suchen* ein Häkchen.

6. Klicken Sie auf die *Weitersuchen*-Schaltfläche, um die Suche zu beginnen. Um von einem zum

nächsten Treffer zu gelangen, drücken Sie wie gehabt [**F3**].

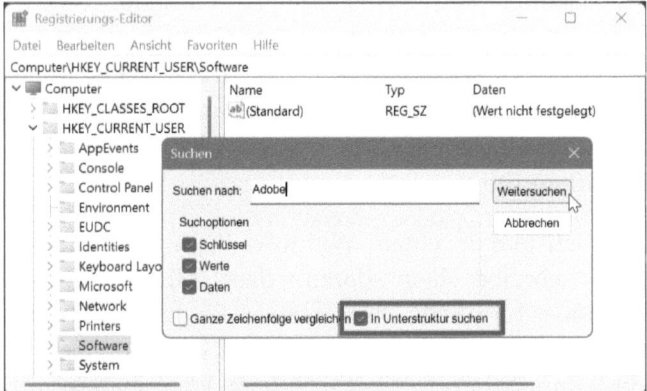

Im Unterschied zum sonstigen Verhalten wird nun nicht die gesamte Registry von Anfang bis Ende durchsucht, sondern die Suche beginnt im ausgewählten Schlüssel und wird dann mit dessen Unterschlüsseln fortgesetzt. Sind diese einschließlich von deren Unterschlüsseln usw. überprüft, endet die Suche.

sudo im Terminal

Wenn man sich schon mal ein wenig mit Unix-Betriebssystemen auseinandergesetzt hat, ist der sudo-Befehl vielleicht ein Begriff. Er steht für **su**bstitute user and **do**, was so viel heißt wie „ersetze den Benutzer und tu es". Er wird immer dann benötigt, wenn ein Befehl oder ein Programm mit den Berechtigungen eines anderen Benutzers ausgeführt werden soll. Das ist insbesondere wichtig, wenn ein einfaches Benutzerkonto (was bei Unix der Standard ist) wichtige Systemeinstellungen vornehmen oder etwa Software installieren möchte. Dann wird der sudo-Befehl vorangestellt. Der fragt nach dem (standardmäßig) Administratorkennwort und führt den anschließenden Befehl dann mit dessen Zugriffsrechte aus.

Dass ich hier in einem Windows-Buch so viel über Unix schreibe, liegt daran, dass Microsoft dem Windows-Terminal nun einen solchen Befehl spendiert hat. Anstatt das Terminal von vorneherein mit Administratorrechten zu öffnen, kann man so mit einer einfachen Eingabeaufforderung arbeiten und nur die Befehle mit erhöhten Rechten ausführen, bei denen dies wirklich erforderlich ist. Dies führt zu höherer Sicherheit.

sudo aktivieren

Um den sudo-Befehl nutzen zu können, muss dieser einmal aktiviert werden:

1. Öffnen Sie in den Windows-Einstellungen den Bereich *System/Für Entwickler*.

2. Lokalisieren Sie am Ende des oberen Abschnitts die Option *sudo aktivieren* und schalten Sie diese ein.

3. Bestätigen Sie die Rückfrage der Windows-Sicherheit mit *Ja*.

4. Wenn Sie die Option mit dem Pfeil-Symbol ganz rechts ausklappen, können Sie zusätzlich festlegen, wie sudo ausgeführt werden soll.

▶ *In einem neuen Fenster*: Der Befehl mit erhöhten Rechten wird in einem neuen Terminalfenster ausgeführt. Dieses übernimmt die Umgebung des ursprünglichen Terminals, steht sonst aber in keiner Verbindung. So werden nicht-erhöhte und erhöhte Anweisungen sauber getrennt. Diese sicherste Variante ist die Standardeinstellung.

▶ *Mit deaktivierter Eingabe*: Die Ausführung erfolgt im selben Fenster, aber dieses wird für die Dauer der sudo-Ausführung für Eingaben gesperrt. Sie können also nicht mit der Ausführung interagieren, so dass dieser Modus nicht für alle Arten von Aufgaben geeignet ist. Dieser Modus bietet Schutz vor dem Einschleusen von Eingaben an Programme mit erweiterten Rechten. Trotzdem kann nicht ausgeschlossen werden, dass Prozesse ohne erhöhte Rechte Einfluss auf die sudo-Ausführung nehmen.

▶ *Inline*: die sudo-Ausführung wird ohne weitere Vorkehrungen im selben Terminalfenster ausgeführt. Dies entspricht am ehesten dem klassischen sudo-Befehl bei UNIX, bietet aber den geringsten Schutz vor Missbrauch und Fahrlässigkeit, da erhöhte und nicht-erhöhte Ausführung nebeneinander ablaufen.

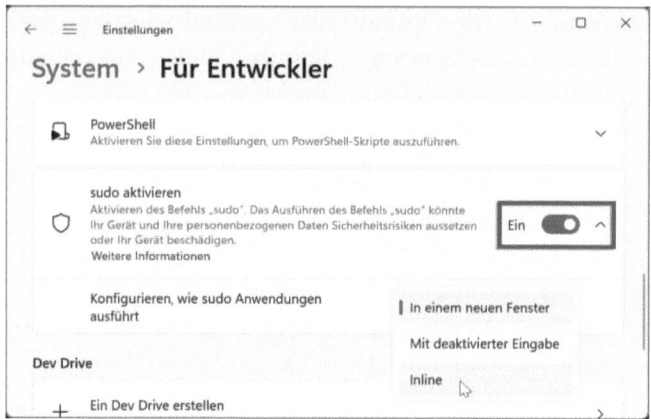

Anweisungen mit sudo ausführen

Haben Sie sudo einmal aktiviert, können Sie jederzeit einzelne Anweisungen mit erhöhten Berechtigungen ausführen. Das ermöglicht es Ihnen, auf Eingabeaufforderungen mit Administratorrechten zu verzichten. Stattdessen verwenden Sie grundsätzlich nur einfache Terminals. Sollten Sie dort einen Befehl eingeben, der Administratorrechte erfordert, wird Windows sich beschweren und etwa mit *Der angeforderte Vorgang erfordert höhere Rechte.* antworten.

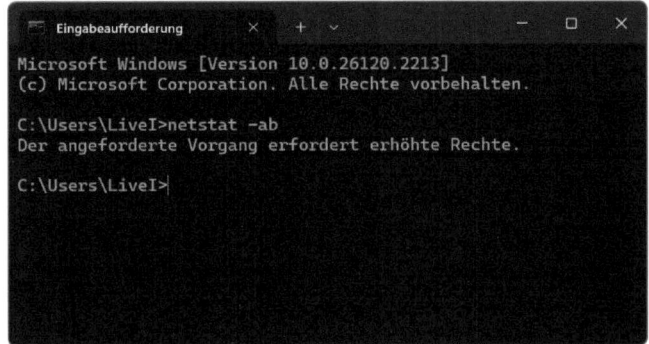

In solchen Fällen wiederholen Sie den Befehl (am schnellsten mit **[Pfeil hoch]**) und stellen ihm diesmal aber ein sudo voran.

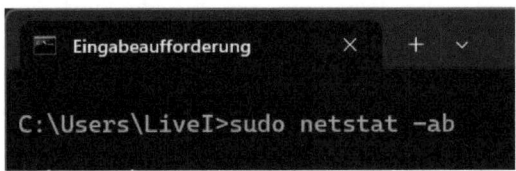

Daraufhin fragt die Benutzerkontensteuerung nach und bittet um Bestätigung des Vorgangs. Anschließend wird der Befehl je nach Voreinstellung (siehe vorangehender Abschnitt) in einem neuen Fenster oder innerhalb desselben Terminals mit erhöhten Rechten ausgeführt.

Neues im Hintergrund

Bei jedem Funktions-Update tut sich immer auch einiges im Hintergrund, das auf der Oberfläche zwar keine nennenswerten Spuren hinterlässt, aber trotzdem Auswirkungen haben kann. Hier die wesentlichen dieser Änderungen im Überblick:

➤ **Rust im Windows-Kern**: Nein, kein Druckfehler. Rust ist eine moderne Programmiersprache, die nun auch im Windows-Kern zunehmend das bislang verwendete C++ ablöst. Da wesentliche Windows-Teile mit 24H2 auf Rust umgestellt werden, ist deshalb auch in jedem Fall eine Update-Installation erforderlich, um Windows auf diesen Stand zu bringen.

➤ **Wifi 7**: Mit 24H2 unterstützt Windows nun auch den neuen WLAN-Standard Wifi 7. Dieser nutzt zusätzliche Frequenz bei 6-GHz und kann so höhere Datengeschwindigkeiten erreichen. Wohlgemerkt: Das bedeutet leider nicht, dass Ihr Notebook oder Tablet damit Wifi 7-tauglich wird. Das geht leider nur mit neuer Hardware. Aber zumindest von Windows-Seite aus spricht nun nichts mehr dagegen, Hardware nach dem neuen Standard einzusetzen und dann auch voll davon zu profitieren.

➤ **BitLocker**: Bei einer Neuinstallation von Windows 11 ab 24H2 wird die Festplatten-verschlüsselung BitLocker nun auch bei der Home-Edition standardmäßig aktiviert, um die Festplatte vor Fremdzugriffen zu schützen. Dies kann zu Performance-Einbußen führen. Vor allem aber besteht im Falle eines verlorenen Passworts die Gefahr von Datenverlusten. Wer Windows neu installiert sollte sich deshalb umgehend mit

BitLocker beschäftigten bzw. die Verschlüsselung ggf. direkt wieder deaktivieren.

▶ **Tuning- und Tweaking-Tools**: Mit Version 24H2 werden Drittanbieter-Programme blockiert, die Anpassungen am Windows-Desktop und Startmenü vornehmen. Laut Microsoft haben solche Anwendungen in der Vergangenheit immer wieder Probleme verursacht, die von den Anwendern dann Windows zugeschrieben wurden.

▶ **Sicherung von Sound-Einstellungen**: Die mit 23H2 eingeführte App *Windows-Sicherung* in der Cloud wurde erweitert und sichert nun auch die Sound-Einstellungen von Windows.

▶ **Geschützter Druckermodus**: Der Windows Protected Print Mode (WPP) ist ein neues Drucker-Subsystem. Es unterstützt ausschließlich Mopria-zertifizierte Drucker, die sich dafür ohne spezielle Treiber des Herstellers direkt nutzen lassen. Vor allem aber bietet es bessere Sicherheit als die bisherige Druckerschnittstelle. Das große ABER: Wenn man diesen Modus aktiviert, kann man nur noch Mopria-zertifizierte Drucker nutzen. Andere Druckermodelle lassen sich nicht mehr ansteuern. Sofern man also nicht ausschließlich solche Drucker nutzt, sollte man vorerst einen Bogen um den neuen Druckmodus machen. Wer es trotzdem probieren möchte, kann WPP in den Windows-Einstellungen unter

Bluetooth und Geräte/Drucker und Scanner/Windows-geschützter Druckmodus einrichten.

Und das ist weg

Und wie immer wurden neben den neuen Funktionen und Apps auch Dinge aus Windows entfernt, die teilweise schon lange dabei waren. Hier die wichtigsten Abgänger:

► **Wordpad**: Das Schreibprogramm Wordpad, das viele Nutzer als kostenlose Alternative zu Office geschätzt haben, wird mit dem 24H2-Update aus Windows 11 entfernt. Es unterstützte neben TXT- und RTF-Dokumenten auch in begrenztem Umfang Word-Dateien.

► **Mail und Kalender**: Diese Windows-Apps werden bis Ende 2024 durch das neue Outlook ersetzt. Diese Web-App basiert auf outlook.com und soll später auch die klassische Win32-Anwendung aus dem Office-Paket ablösen. Aktuell befindet sich das neue Outlook noch in der Testphase; mit dem 24H2-Update wird jedoch die Möglichkeit entfallen, zu den bisherigen Apps zurückzukehren.

► **Cortana**: Der Sprachassistent Cortana wurde bereits in der vorherigen Version von Windows 11 (23H2) deaktiviert und wird nun endgültig durch den KI-Assistenten Microsoft Copilot (siehe S. 31) ersetzt.

▶ **Tipps**: Die App „Tipps", die Nutzern Informationen zu Betriebssystem-Funktionen und Neuerungen bereitgestellt hat, wird ebenfalls mit dem 24H2-Update entfernt. Für die weitaus meisten Anwender wohl verschmerzbar.

▶ **AC3-Codec**: Laut einem Supportdokument von Microsoft wird der AC3-Audiocodec (auch bekannt als Dolby Digital) ab Version 24H2 nicht mehr in Windows 11 enthalten sein. Das bedeutet, dass entsprechende Surround-Sound-Dateien nicht mehr über die Medienwiedergabe-App abgespielt werden können. Alternativ können Nutzer jedoch weiterhin Programme wie den VLC Player verwenden.

Zum Schluss…

Wenn Sie Fragen haben, Feedback loswerden oder Ihre eigenen Erfahrungen teilen möchten, besuchen Sie mich im Internet unter **www.gieseke-buch.de**. Hier finden Sie auch weitere Informationen und Tipps zu diesem und anderen Themen meiner Bücher.

Eine Bitte in eigener Sache

Ich freue mich, wenn Sie Ihre positiven Eindrücke an andere interessierte Leser weitergeben, etwa durch **persönliche Empfehlungen**, **Rezensionen** auf einer der einschlägigen Plattformen oder auch durch Hinweise **in Foren oder sozialen Netzwerken**.

Dieser Titel ist ohne Marketing-Budget und Vertriebsstrukturen eines großen Verlages erschienen. Deshalb ist **Mund-zu-Mund-Propaganda** besonders wichtig. Wenn Sie also der Meinung sind, dass dieses Buch auch für andere Leser interessant und hilfreich sein könnte, dann **sagen Sie es bitte weiter**.

Vielen Dank.

Stichwortverzeichnis

Mehr

www.gieseke-buch.de

- ▶ mehr Bücher
- ▶ mehr Informationen
- ▶ Ergänzungen
- ▶ aktuelle Tipps
- ▶ direkter Kontakt